COLLECTION FOLIO

Louis Malle

Au revoir, les enfants

Gallimard

AUTEUR-RÉALISATEUR.

Né le 30 octobre 1932 à Thumeries (Nord).

CARRIÈRE : consacrée au cinéma.

Assistant du commandant Cousteau sur le *Calypso* (1953-1955), directeur général adjoint de la société de production « Les Requins Associés », coréalisateur (1955) du *Monde du Silence*.

Collaborateur technique du réalisateur Robert Bresson pour le film *Un condamné à mort s'est échappé* (1956).

Auteur et réalisateur des films *Ascenseur pour l'échafaud* (1957), *Les amants* (1958), *Zazie dans le métro* (1960), *Vie privée* (1961), *Le feu follet* (1963), *Viva Maria* (1965), *Le voleur* (1966), *Le souffle au cœur* (1970), *Lacombe Lucien* (1974), *Black Moon* (1975), *Au revoir, les enfants* (1987), *Milou en Mai* (1990), *Fatale* (1992).

Réalisateur des films *Pretty Baby* (1978), *Atlantic city* (1980), *My dinner with André* (1982), *Crackers* (1984), *Alamo Bay* (1985).

Auteur et réalisateur des documentaires : *Vive le tour* (1962), *Calcutta et Inde fantôme* (1969), *Humain trop humain* et *Place de la République* (1973), *Gid's country* (1985) et *And the pursuit of happiness* (1986).

Réalisateur d'un sketch d'*Histoires extraordinaires* (1967) et auteur d'un reportage télévisé sur la Thaïlande pour « Cinq colonnes à la une » : *Bons baisers de Bangkok*.

ŒUVRES : *Le souffle au cœur*, *Lacombe Lucien* (en collaboration avec Patrick Modiano), *Au revoir, les enfants*, *Milou en Mai* (en collaboration avec Jean-Claude Carrière).

Louis Malle est décédé le 24 novembre 1995 aux États-Unis.

1.

Gare de Lyon, 3 janvier 1944.

Une femme de quarante ans et un garçon de douze ans se tiennent devant un wagon en bois, de ceux qui avaient une porte par compartiment. Ils se font face, immobiles dans le flot des voyageurs.

Il est habillé de culottes courtes, d'un chandail bleu marine et d'une cape noire.

Elle porte un chapeau compliqué et une fourrure de la guerre qui lui arrive aux genoux. On voit qu'elle se maquille trop vite : une joue est plus rose que l'autre, le rouge déborde de ses lèvres.

LA MÈRE : Julien, tu m'as promis.

JULIEN *(tête baissée)* : Je ne pleure pas. Pas du tout même.

LA MÈRE : Je viendrai vous voir dans trois semaines.

Et puis vous allez sortir pour le Mardi gras.

Tu verras, ça va passer très vite.

Julien relève la tête. Ses yeux brillent.

JULIEN : Pourquoi dites-vous ça ? Vous savez très bien que ça ne va pas passer vite.

LA MÈRE : Ton père et moi nous t'écrirons souvent.

JULIEN : Papa, je m'en fous. Vous, je vous déteste.

Derrière eux, deux garçons escaladent la portière avec leurs sacs à dos.

LES GARÇONS : Salut, Quentin... Mes hommages, madame...

LA MÈRE : Bonjour, bonjour...

10

Tu es quand même content de retrouver tes camarades.

JULIEN : Ah oui, Sagard ! Quel crétin celui là Je ne peux pas le sentir.

Elle rit. Il se jette contre elle et l'étreint, éperdument.

On entend un sifflement, des appels. Le contrôleur agite son drapeau.

Un garçon de seize ans les rejoint.

LE GARÇON : Encore en train de vous faire des mamours.

Mon petit Julien, tu ne veux surtout pas manquer le train, un bon élève comme toi.

Il fume une dernière bouffée et jette son mégot.

LA MÈRE : François, je te défends de fumer.

11

FRANÇOIS : C'est pas du tabac, c'est de la barbe de maïs. Ça ne compte pas... Au revoir, maman. Soyez sage.

Il embrasse sa mère et rejoint un copain qui l'attendait.

La mère s'agenouille devant Julien et lui donne un baiser sur la joue.

Le rouge laisse une trace ovale bien nette.

LA MÈRE : Allez, monte.

Elle l'entraîne vers la porte du compartiment, mais il se retourne et se serre contre elle, le plus fort qu'il peut, les bras autour de son cou, le nez dans son corsage.

Elle chuchote, en lui caressant la nuque :

LA MÈRE : Et moi ? Tu ne penses pas à moi ? Tu crois que c'est drôle ? Tu me manques à chaque instant. J'aimerais me déguiser en garçon et te suivre dans ton collège. Je te verrais tous les jours. Ce serait notre secret...

La voix de la mère est couverte par le sifflement d'un train en marche.

2.

La vitre du train est givrée. Une fumée noire de charbon dilue l'image par moments. On entend peiner la locomotive. Julien regarde le paysage d'hiver qui défile. Derrière lui, trois garçons de son âge se battent, grimpent sur les sièges, se suspendent aux porte-bagages comme des singes.

Julien, dans la vitre, voit la trace de rouge sur sa joue. Il l'efface, machinalement, du revers de la main. Il y a de la douceur maintenant dans son expression. Il pleure.

3.

Le vieux quartier d'une petite ville d'Île-de-France.

Une quarantaine de garçons remontent la rue en

désordre, chantant une chanson scoute. Ils sont tous habillés comme Julien. Les sacs à dos bourrés font une bosse sous leurs capes. Les semelles de bois de leurs bottines claquent sur le sol. Deux soldats allemands désœuvrés s'arrêtent pour les regarder passer.

Un jeune moine en bure marron, rondouillard et sympathique, marche et chante avec eux. Le Père Michel, que les élèves appellent entre eux « la mère Michel », a les pieds nus dans des sandales.

LE PÈRE MICHEL : Bonjour Julien. Vous avez passé de bonnes vacances ?

JULIEN *(renfrogné)* : Oui, mon Père.

LE PÈRE MICHEL : Vos parents vont bien ?

JULIEN : Oui, mon Père.

Le garçon à côté de Julien, Babinot, zézaie :

BABINOT : Qu'est-ce qu'ils t'ont donné pour Noël ?

14

JULIEN : Des bouquins.

BABINOT : Seulement des bouquins ?

JULIEN : Oui.

BABINOT : Les vaches.

Ils rentrent dans un portail grand ouvert sur une cour.

On lit sur une plaque : « Couvent des Carmes. Petit Collège Saint-Jean-de-la-Croix ».

4.

Le dortoir des petits était autrefois une chapelle. Chaque élève a un casier dans les placards le long des murs, où ils rangent leurs affaires. Il y a une trentaine de lits. Dans un angle se trouve une boîte en bois, où couche Moreau, un jeune surveillant sans autorité. Les élèves se moquent de lui, mais le trouvent « sympa ».

Julien, en pyjama, sort de son sac des confitures

et un kilo de sucre. Il va les mettre dans son casier quand Ciron, un grand échalas, s'empare d'un pot de confitures.

CIRON *(prenant un accent allemand)* : Ach. Marché noir, monsieur Quentin Che vous arrête. Vos confitures, che les confisque.

Julien le poursuit, le jette sur un lit et reprend son bien.

Il passe devant quelques garçons — dont deux jumeaux — qui se tiennent autour d'un gros poêle à bois, le seul chauffage du dortoir. Ils regardent une photo en chuchotant.

Julien prend la photo et y jette un coup d'œil.

JULIEN : Elle a même pas de nichons.

UNE VOIX *(près de la porte)* : Gaffe ! Babasses !

« Babasses », dans l'argot du collège, désigne les moines.

Le Père Jean, directeur du collège, un homme de quarante ans au visage ascétique, et le Père Hippolyte entrent dans le dortoir avec trois garçons qui n'ont pas l'uniforme du collège. Le plus jeune porte un manteau beige trop petit pour lui. Le Père Jean le conduit jusqu'au lit à côté de Julien.

Chaque élève y va de son « Bonjour, mon Père » respectueux.

LE PÈRE JEAN : Ce lit est libre ?

MOREAU : Oui, mon Père. Depuis que d'Éparville a eu la coqueluche.

LE PÈRE JEAN : Mettez-vous là, mon petit.
Mes enfants, je vous présente Jean Bonnet, votre nouveau camarade.

Dans un geste surprenant, il baise le front de Bonnet.

LE PÈRE JEAN : Monsieur Moreau, vous lui trouverez un casier.
Bonsoir, les enfants.

LES ÉLÈVES : Bonsoir, mon Père.

A la porte, le Père Jean rejoint les deux nouveaux plus âgés et le Père Hippolyte. Dès qu'ils sont sortis, Bonnet reçoit un oreiller en pleine figure, suivi de plusieurs autres. En même temps fusent les fines plaisanteries : « Bonnet de nuit, Bonnet d'âne... »

MOREAU : Fichez-lui la paix et déshabillez-vous.

Il montre un casier vide à Bonnet.
Les élèves enfilent pyjamas ou chemises de nuit. Bonnet défait son sac. Il en sort plusieurs livres qu'il pose sur son lit. Se retournant, il voit Julien qui l'observe.

BONNET : Comment tu t'appelles ?

Julien ne répond pas. Il prend un des livres de Bonnet.

JULIEN *(lisant)* : « Les Aventures de Sherlock Holmes. » *(Il prononce Holmesse.)*

La lumière s'éteint brusquement. Cris, rires.

MOREAU : C'est juste une coupure. Mettez-vous au lit.

Julien et plusieurs élèves ont des lampes de poche. Un garçon applique sa lampe sous son visage qui semble éclairé de l'intérieur. Il saute sur place et pousse des cris rauques.

Julien s'avance très près du visage de Bonnet.

JULIEN : Je m'appelle Julien Quentin et si on me cherche on me trouve.

Tout le monde se couche. Bonnet, encore habillé, regarde la grande statue de la Vierge contre le mur en face de lui.

Julien prend un livre sur sa table de nuit,

s'enfonce sous les draps et, s'éclairant avec sa lampe de poche, cherche sa page.

5.

Le matin. Les élèves font semblant de se laver. Ils se mouillent à peine les cheveux, s'ébrouent, dansent d'un pied sur l'autre.

Bonnet constate que du robinet de son lavabo, situé contre la fenêtre, pend une stalactite d'eau gelée. Il la casse et la pose délicatement sur le rebord.

Il ouvre le robinet du lavabo d'à côté. Rien ne sort pendant quelques secondes, puis un jet d'eau glacée l'éclabousse. Il saute en arrière, pousse un cri.

BONNET : Y a pas d'eau chaude ?

BOULANGER : Non, y a pas d'eau chaude. On n'est pas des mauviettes.

Boulanger, un garçon très corpulent, prend la stalactite et la lui glisse dans le col de la chemise.

6.

Tous les élèves du collège sont debout dans les travées de la chapelle, écoutant le Père Jean qui lit l'Évangile, à l'autel, en robe d'officiant. Quelques moines se tiennent dans des stalles en bois.

Boulanger semble mal à l'aise. Il oscille, comme pris de vertige. Il porte sa main à son visage, plusieurs fois.

> VOIX DU PÈRE JEAN : En vérité, en vérité, je vous le dis, si vous ne mangez la chair du Fils de l'homme et ne buvez son sang, vous n'aurez pas de vie en vous.

Brusquement, Boulanger vacille et tombe en arrière, évanoui, une chute spectaculaire.

Moreau se précipite et, avec l'aide d'un jeune moine, le relève et l'entraîne hors de la chapelle.

Ils passent devant Bonnet assis au dernier rang avec un grand aux cheveux frisés et un rouquin. Les trois nouveaux.

François, assis à côté de Julien, commente :

> FRANÇOIS : On n'a rien à bouffer, on crève de froid, mais il faut être à jeun pour communier. Quelle boîte...

> JULIEN : Tu vas communier ?

> FRANÇOIS : Je suis pas un lèche-cul comme toi.

Le Père Jean a repris, comme si cet incident était une routine.

> LE PÈRE JEAN : Qui mange ma chair et boit mon sang a la vie éternelle et je le ressusciterai au dernier jour. Car ma chair est vraiment une nourriture et mon sang vraiment une boisson. Qui mange ma chair et boit mon sang demeure en moi et moi en lui.

Un claquement de mains. Les élèves s'agenouillent et entonnent le chant d'offertoire.

Julien oscille d'un genou sur l'autre, le visage douloureux.

FRANÇOIS : Qu'est-ce que tu as ?

JULIEN : Des engelures, au genou.

FRANÇOIS *(péremptoire)* : Il faut boire du calvados.

7.

La classe de quatrième. Les élèves sont une quinzaine. Plusieurs, dont Julien, portent des gants de laine, qu'ils garderont pour écrire. M. Tinchaut marche de long en large, son manteau sur les épaules. Julien, debout à sa place, lit, vite et très mal.

JULIEN : « Étoile de la mer, Voici la lourde nappe
« Et la profonde houle et l'océan des blés

23

« Et la mouvante écume et nos greniers
    comblés,
« Voici votre regard sur cette immense
    chape
« Et voici votre voix sur cette lourde plaine
« Et nos amis absents et nos cœurs dépeu-
    plés
« Voici le long de nous nos poings désas-
    semblés
« Et notre lassitude et notre force pleine.
« Étoile du matin, inaccessible reine... »

M. TINCHAUT : Quentin, vous êtes mûr
pour la Comédie-Française. Vous pouvez
nous rappeler qui était Charles Péguy ?

JULIEN : Il a été tué à la guerre de 14.

M. TINCHAUT : Bien. Mais vous commen-
cez par la fin.

JULIEN : Sa mère était rempailleuse.
(Quelques rires.)

M. TINCHAUT : Ne riez pas bêtement. La
mère de Péguy était une femme très méri-
tante.

Il va vers Bonnet.

M. TINCHAUT : Monsieur Bonnot, vous savez quelque chose sur Charles Péguy ?

BONNET : Non, monsieur. Et je m'appelle Bonnet.

BABINOT : Comme Dubo, Dubon, Dubonnet.

Tous les autres reprennent en chœur.

M. TINCHAUT : Très spirituel, Babinot. Pour vous remettre dans le bain après les vacances, vous allez commenter les deux premières strophes du poème. Vous avez une demi-heure.

Les élèves se mettent au travail. Julien écrit quelques lignes, puis s'arrête. Tête levée, il rêve un moment. Son regard se porte sur Bonnet.

Celui-ci écrit rapidement, très concentré. Il porte sa main gauche à son oreille, plusieurs fois.

On entend une voix dehors. Bonnet lève les yeux brusquement. Julien suit son regard.

Dans la cour, un très jeune soldat allemand, tête nue, est en train de parler à un moine.

Bonnet se remet à écrire.

Julien prend son compas. Il pique le dos de sa main avec la pointe, plusieurs fois, jusqu'à ce qu'il saigne.

BOULANGER *(son voisin)* : T'es fou.

JULIEN : Ça ne fait même pas mal.

Bonnet le regarde.

8.

Grands et petits sont en récréation dans la cour du collège. Plusieurs élèves battent la semelle contre le mur en conversant. D'autres font de la barre fixe sous la direction du professeur de gymnastique.

Au milieu de la cour, une vingtaine d'élèves de

tous âges, montés sur des échasses, essaient de se faire tomber les uns les autres. En principe il y a deux camps, mais le jeu se réduit à une série de combats individuels. C'est très brutal, les chutes sont douloureuses sur le sol gelé. Le Père Michel joue avec les élèves, essayant de mettre de l'ordre, mais il vacille sur ses échasses, et Julien le fait tomber.

LE PÈRE MICHEL . Du calme, Quentin, du calme.

A l'abri d'un tas de bois, François et un autre grand, Pessoz, se partagent une cigarette.

Bonnet lit, une épaule appuyée au mur. Cinq élèves de quatrième arrivent derrière lui et l'empoignent. Deux le prennent aux jambes, deux aux bras, et le cinquième lui appuyant sur le ventre, ils lui infligent un tape-cul, rituel de bizutage. Bonnet se tortille comme un ver de terre.

Julien tourne rapidement autour d'un adversaire, feinte, charge, crochète les échasses de l'autre. Celui-ci s'écroule.

Julien, poussant des cris de triomphe, lève une échasse en l'air et sautille sur une seule jambe.

27

JULIEN : Notre-Dame ! Montjoie ! Je suis Bayard, le Chevalier sans peur et sans reproche.

UN GRAND : Alors, le petit Quentin, on joue les terreurs ?

Il le charge et lui donne un violent coup d'épaule. Julien, sur une seule échasse, perd l'équilibre et fait une mauvaise chute.
Il reste à terre, tenant son genou égratigné.
Le visage crispé, il se retient de pleurer.

JULIEN : Salaud, Laviron.

Un garçon défie Laviron. Quatorze ans, cheveux noirs crépus, costaud, on l'avait vu aux côtés de Bonnet à la messe.

LE GARÇON : A moi, lâche, traître, félon. C'est moi Négus, le Chevalier noir, protecteur des faibles et des orphelins.

Quelques cris fusent : « Allez Négus », « Allez Laviron ».

Un cercle se forme et le combat devient une parodie de joute médiévale.

> LAVIRON : Arrière, moricaud. Je suis Richard Cœur de Lion, l'orgueil de la chrétienté. Je vais te bouter hors de Jérusalem, Sarrasin infidèle, fils de chienne.

> NÉGUS *(prenant un accent arabe de caricature)* : Allah est Dieu et Mahomet est son prophète.
> Tu trembles, monzami. Cœur de Lion, tête de lard, cul de poule, peau de vache...

Il tourne autour de Laviron, puis le charge, en hurlant.

> NÉGUS : Allah, Allah, Allah, Allah...

La faconde de Négus amuse la galerie, qui partage ses encouragements entre les deux combattants. Julien s'est relevé. Bonnet est derrière lui.

BONNET : Allez, Négus !

JULIEN : C'est son vrai nom, Négus ?

BONNET : Qu'est-ce que tu crois ?

JULIEN *(agacé)* : Il a une sale gueule. Tu le connais ?

BONNET : Il s'appelle Lafarge, et c'est mon meilleur ami.

Négus, moins solide sur ses échasses, se fait crocheter et tombe. Il se redresse aussitôt, tenant une échasse devant lui comme une lance.
Le Père Michel siffle la fin de la récréation. Les élèves se dispersent à regret.

LE PÈRE MICHEL : Babinot, dépêchez-vous.

9.

Julien est assis sur la grande table de la cuisine.
Mme Perrin, une grosse dame très maternelle, toujours entre deux vins, lui lave le genou et met du
vinaigre sur la plaie.

Julien pousse un hurlement.

> MME PERRIN *(elle a un accent du Nord)* :
> Ça ne fait pas mal du tout. Tiens-toi
> tranquille, que j' te mette un sparadrap.
> Vous allez vous tuer avec ces échasses.
> C'est des jeux de sauvages. Un de ces jours
> il va y avoir une jambe de cassée...

Julien ne l'écoute pas. Il regarde Joseph, le
garçon de cuisine, engagé dans une tractation à
voix basse avec l'un des grands.

Celui-ci lui remet une boîte de bonbons, lui
arrache un billet de banque des mains et part en
courant.

Joseph lui court après en claudiquant.

JOSEPH : Hé, pas tout! On avait dit quarante-cinq.

MME PERRIN : Joseph, qu'est-ce que tu manigances encore? Retourne aux patates.

Joseph revient dans la pièce, mettant la boîte dans son tablier.

JOSEPH : Plus ils sont riches, plus ils sont voleurs.

Joseph a dix-sept ans, il est malingre, avec une jambe plus courte que l'autre. Des allures et un vocabulaire de titi parisien, effronté, beaucoup de bagout. Il sifflote constamment.
Il reprend sa place à l'épluchage.
La cuisinière se sert un grand verre de rouge.

JOSEPH : Vous buvez trop, madame Perrin.

MME PERRIN : Tais-toi, morveux. Y a pas de mal à se faire du bien.

Julien s'approche de Joseph et chuchote :

JULIEN : T'as des timbres ?

JOSEPH : J' fais plus d'affaires avec vous autres.

JULIEN : J'ai de la confiture.

Joseph jette un regard à Mme Perrin.

JOSEPH : Après le déjeuner. La femme du docteur, elle raffole de ta confiote. Ça lui cale les ovaires. Tu vois ce que je veux dire ?

10.

Le réfectoire. Six tables d'élèves sont alignées sur deux rangs. Moines, professeurs et surveillants mangent à une très longue table le long du mur.

Julien est assis avec des élèves de sa classe, près de la cuisine. Bonnet est en bout de table. Un plat de viande passe de main en main.

SAGARD : Y a de la paille dans le pain maintenant. Je vais écrire à mon père.

BOULANGER : Envoyez-moi le panier.

Il y a un panier au bout de chaque table qui contient les provisions personnelles des élèves. Boulanger y prend une grosse boîte en fer-blanc, sur laquelle son nom est écrit en gros caractères. Elle contient du beurre et des rillettes.

Le Père Jean, qui mange de bon appétit, lève les yeux. Il agite la sonnette.

LE PÈRE JEAN : Je rappelle à ceux qui ont des provisions personnelles qu'ils doivent les partager avec leurs camarades.

BABINOT *(zézayant)* : J'ai des sardines, mais j'ai pas de clé. Personne a une clé ?

ROLLIN : Qui veut du saucisson ? C'est du cheval, je vous préviens.

Boulanger finit d'étaler des rillettes sur son pain, referme le pot et le remet dans le panier.

BOULANGER : Il faut que je mange. Je fais de l'anémie.

CIRON : Et nous alors ? T'as entendu le Père Jean ?

BOULANGER *(la bouche pleine)* : Y en a pas assez pour tout le monde. Ils n'ont qu'à vous nourrir, vos parents.

Le plat de viande parvient à Navarre, qui est à côté de Bonnet.

NAVARRE : Y a plus qu'une tranche.

BONNET : Sers-toi.

NAVARRE : Merci. T'es chic.

La sonnette retentit. Un élève vient se placer au milieu du réfectoire et lit, dans un silence relatif :

> L'ÉLÈVE : Aujourd'hui, saint Siméon Stylite.
> « Saint Siméon Stylite avait treize ans et gardait les moutons de son père quand il entendit ce verset de l'Évangile : " Malheur à vous qui riez à présent car le jour viendra où vous pleurerez. " Il quitta ses parents, devint ermite, et vécut trente années sur une colonne. *(Rires.)* Il s'y tenait debout, sans abri, absorbé dans une prière quasi continuelle... »

La lecture se termine dans les rires et le chahut. Julien monte sur son banc et prend une pose de statue.

C'est la fin du repas. Les élèves commencent à sortir.

Bonnet mange sa pomme, les yeux ailleurs.

> MOREAU *(à la cantonade)* : Biscuits vitaminés. Biscuits vitaminés.

Il passe de table en table, une grosse boîte à la main. Chaque élève reçoit un biscuit.

Julien tend une main derrière l'épaule, puis l'autre. Moreau, distrait, lui donne deux biscuits.

Bonnet se fait prendre son biscuit par Sagard, qui le met dans sa bouche, le lèche, puis lui rend.

SAGARD : Tiens. C'est meilleur maintenant.

Bonnet repousse Sagard et se lève pour quitter la table. Julien lui tend un biscuit.

JULIEN : J'en ai deux.

BONNET : Merci. J'ai plus faim.

Il s'éloigne.

JULIEN : Il m'énerve, ce type.

Joseph, qui ramasse les épluchures, se penche vers Julien.

JOSEPH : T'as la confiture ?

Julien fait oui de la tête.
François passe devant eux avec des copains.
Pessoz fait une clé à Joseph et le jette à terre.

JOSEPH : Arrête. J'ai des pantalons pro-
pres.

Le portefeuille de Joseph tombe à terre. Une
photo s'en échappe.
Pessoz la ramasse et la brandit.

PESSOZ : Joseph est amoureux, les gars.

Joseph lui arrache la photo.

PESSOZ : Elle a l'air d'une salope, ta
fiancée.

38

JOSEPH : Et ta sœur ? Elle a l'air de quoi, ta sœur ?

Il s'éloigne en claudiquant, poursuivi par Pessoz. Visiblement, il est la tête de turc des élèves.

Julien prend son pot de confiture et court après Joseph.

11.

Julien rejoint Joseph dans une petite basse-cour où se trouvent trois cochons derrière un grillage de fortune. Joseph leur jette les épluchures. Les cochons se battent.

JOSEPH : Dans un mois, ils seront bons à manger.

JULIEN : Tu parles ! Ils vont les garder pour la fête du collège. Les parents diront : « Qu'est-ce que vous mangez bien ! »

Fais voir tes timbres.

Joseph sort une enveloppe de sa poche.

JOSEPH : Y a un Madagascar 15 centimes. Le type dit que c'est très rare.

JULIEN : *Assez* rare.

Julien jette un coup d'œil sur le contenu de l'enveloppe et la lui rend.

JULIEN : Pas terrible. Je crois que je vais les garder mes confitures. La bouffe est tellement dégueulasse.

JOSEPH : T'es un vrai juif, toi.

Il sort une deuxième enveloppe de sa poche.
Julien lui donne le pot de confitures et empoche les deux enveloppes.

JULIEN : Alors, t'es amoureux ?

JOSEPH : Rigole pas. C'est sérieux. T'as pas cinquante balles à me prêter ? Les femmes, mon vieux, ça coûte cher ! Tu verras.

JULIEN : Je verrai rien du tout. Et d'abord, t'es riche comme tout.

JOSEPH : Ah oui, avec ce qu'ils me paient...
Si je pouvais me trouver un autre boulot...

JULIEN *(s'éloignant)* : J'ai pas le rond. Demande à François.

12.

M. Guibourg, le professeur de mathématiques, est au tableau noir. Il a gardé sa canadienne, son béret et ses gants.

M. GUIBOURG : Ciron, remettez du bois dans le poêle. On gèle.

Ciron se lève et claque les talons en faisant un salut militaire.

M. GUIBOURG *(sans se retourner)* : Et ne vous croyez pas obligé de faire le pitre...
Qui peut me montrer que dans ce quadrilatère la somme des deux côtés opposés AB plus CD est égale à la somme des deux autres BC plus DA ?

Plusieurs mains se lèvent, dont celle de Bonnet.

M. GUIBOURG : Vous, le nouveau.

CIRON : Il s'appelle Dubonnet, monsieur.

BONNET : Ça va. On a compris.

Bonnet va au tableau noir. Un élève avance le pied et le fait trébucher. Rires.

BONNET : On sait que les tangentes à un cercle issues d'un point sont égales. Donc a égale a, b égale b...

Et il résout le problème avec aisance.

M. GUIBOURG : C'est très bien. Tout le monde a compris ?

LES ÉLÈVES : Oui, m'sieur !

On entend une sirène lointaine, puis une autre, très proche.

UNE VOIX : Chouette, une alerte.

Les élèves commencent à se lever en désordre, ravis de cette diversion.

M. GUIBOURG : Nous allons descendre à l'abri.

La classe n'est pas finie. Prenez votre livre.

13.

La cave du collège. Les élèves de quatrième se serrent sur des bancs dans un long couloir qui se perd dans le noir. Des tuyaux courent le long des murs. Un peu de lumière vient d'une ampoule au plafond. Une voûte ouvre sur une pièce encombrée de caisses vides, où une autre classe s'installe.

On entend le reste des élèves, mais on ne les voit pas.

Le Père Michel essaie de mettre de l'ordre dans la confusion. Il tient une lampe tempête dans la main.

UNE VOIX *(chantée)* : C'est la Mère Michel qui a perdu son chat...

LE PÈRE MICHEL : Silence ! Boulanger, serrez-vous.

Monsieur Guibourg, mettez-vous là.

Il avance une chaise à M. Guibourg, qui s'assied et commence à lire, éclairé par la lampe du prêtre.

M. GUIBOURG : Quinzième leçon, page 52. Le produit de deux puissances d'un même décimal relatif...

Julien sort sa lampe de poche et la dirige sur son livre.

BONNET : Tu m'éclaires ?

Il rapproche son livre de celui de Julien. Mais celui-ci ne suit pas le cours. Il a en main *Les Trois Mousquetaires.*

BONNET : Lève un peu ta lampe. Je vois rien.

JULIEN : Fous-moi la paix. Tu vas me faire piquer.
Oh ! Et puis tu me fais chier.

Il s'écarte.

On entend des bruits sourds. La lumière du plafond s'éteint.

M. Guibourg s'interrompt. Les enfants s'agitent dans la pénombre.

UNE VOIX : Ils bombardent la gare.

UNE AUTRE VOIX : Mais non ! C'est la caserne d'artillerie.

LE PÈRE MICHEL : Calmez-vous. Asseyez-vous.

Il commence un « Je vous salue, Marie ».

Julien prie avec les autres. Machinalement, il promène le faisceau de sa lampe autour de lui. Des formes, des visages passent dans la lumière.

Julien s'arrête sur deux garçons blottis dans les bras l'un de l'autre. Surpris par la lumière, ils s'écartent.

UN ÉLÈVE : Les amoureux ! *(Rires.)*

LE PÈRE MICHEL : Quentin, éteignez ça.

14.

Au dortoir, les élèves agenouillés finissent la prière du soir.

Bonnet se relève sans faire le signe de croix et se glisse dans ses draps. Il essaie vainement d'enfoncer les jambes, plusieurs fois. Tous l'observent, des rires éclatent.

LAVIRON : T'as qu'à dormir en chien de fusil !

Bonnet soulève la couverture et voit que son lit a été fait en portefeuille. Il se tourne vers Julien :

BONNET : C'est toi qui as fait ça ?

Julien le regarde, sans répondre, et se couche. Plus tard dans la nuit.

Julien semble faire un rêve délicieux. Il sourit, se tourne sur le côté. Ses lèvres remuent, il soupire.

Le sourire s'éteint, devient une grimace.

Il ouvre les yeux, se dresse sur son lit, glisse sa main sous les couvertures.

JULIEN : Merde.

Il regarde à gauche et à droite : tout le monde dort. Il sort du lit, rabat les couvertures. Il y a une large tache humide au milieu du drap.

JULIEN : Merde, merde, merde, merde, merde.

Il attrape une serviette de toilette au pied du lit et se met à frotter comme un forcené, essayant de sécher le drap. Il grelotte.

Il descend le drap vers le pied du lit autant qu'il peut, étend la serviette sur la tache, se recouche.

Il reste les yeux ouverts, toujours grelottant, essayant de trouver une position où son corps ne soit pas en contact avec la partie mouillée du drap.

Il entend un cri : « Non ! Non ! Non ! » Quelques lits plus loin, un élève se dresse, le dos arqué, et donne des coups de poing dans le vide, comme s'il se défendait contre l'homme invisible.

Bonnet se réveille en sursaut.

BONNET : Quoi ! Qu'est-ce que c'est ?

Il voit Julien qui le regarde, se calme, se recouche.

15.

Les quatrièmes sont en gymnastique dans la cour du collège. Julien succède à Ciron à la barre fixe. Il tente une allemande et la rate.

Les autres font des tractions au sol, invectivés par le professeur, un sous-officier en retraite. Plusieurs portent des passe-montagnes. Les uns après les autres, ils s'écroulent.

LE PROFESSEUR : Vos genoux tendus, les épaules en arrière ! Vous avez des biceps en papier mâché.

Une jeune fille attrayante rentre dans la cour sur un vélo d'homme. Un lourd cartable, accroché au guidon, la déséquilibre.

Elle passe devant la classe avec un sourire au professeur, qui la suit des yeux, oubliant ses élèves. Elle trébuche en descendant de vélo, manque de tomber. On aperçoit ses cuisses un instant. Tous les garçons regardent.

BOULANGER : Elle le fait exprès, pour nous montrer son cul.

CIRON : Il est mieux que le tien, son cul.

LE PROFESSEUR : Taisez-vous. Ciron, vous me ferez vingt tractions supplémentaires.

La jeune fille se dirige vers la salle de musique. François et Pessoz surgissent et entament une conversation avec elle.

16.

La salle de musique. Julien joue le *Moment musical* n° 2 de Schubert, très lentement, très mal. La jeune femme de la bicyclette, Mlle Davenne, est assise un peu en arrière du piano. Elle se fait les ongles.

Julien regarde les seins de la jeune fille, ce qui lui fait commettre une grossière erreur de doigté.

MLLE DAVENNE *(sans lever la tête)* : C'est un dièse. Tu n'entends pas que tu fais une fausse note ?

Julien recommence, à contrecœur. Mlle Davenne bâille.

MLLE DAVENNE : Tu devrais essayer le violon.

Julien rit. Tous deux rient.

MLLE DAVENNE : Tu détestes la musique, ou quoi ?

JULIEN : Pas du tout. C'est ma mère qui me force à faire du piano.

MLLE DAVENNE : Elle a raison. Si tu arrêtes maintenant, tu le regretteras toute ta vie. Allez, c'est l'heure. A mardi !

La porte s'ouvre. Bonnet entre. Il croise Julien, avance gauchement vers le piano.

MLLE DAVENNE : Comment tu t'appelles ?

BONNET : Jean Bonnet.

MILLE DAVENNE : Tu vas me montrer comment tu joues.

Julien sort. De l'extérieur, il entend les premières notes de son morceau.

Il se retourne, colle son nez à la porte vitrée. Mlle Davenne a le sourire. Bonnet déchiffre la pièce de Schubert avec aisance. Le tempo et les intonations sont justes.

MLLE DAVENNE : Tu te débrouilles, dis donc. Ça fait plaisir d'avoir un élève doué.

Derrière la porte, Julien grelotte. Il enroule son cache-nez autour de son cou.

JULIEN : Quel lèche-cul !

Mais il reste jusqu'à ce que Bonnet termine le morceau.

17.

Avant le dîner, en classe de quatrième, les élèves
font leurs devoirs. Le Père Hippolyte, debout près
du poêle, égrène son chapelet le dos tourné.

Julien est en train de trier ses nouveaux timbres.

Boulanger lui donne un coup de coude. Il lui
désigne Sagard au fond de la classe, pupitre levé,
visage tendu, et fait un mouvement de piston avec
sa main.

JULIEN *(chuchote)* : Tu crois ?

BOULANGER *(affirmatif)* : Il paraît que ça
rend idiot. Avec lui, y a pas de risques.

Julien voit Bonnet qui tourne et retourne une
feuille de papier dans ses mains, le regard ailleurs.
Son voisin, brusquement, la lui arrache des mains.
Bonnet essaie de la lui reprendre, mais son voisin la
passe derrière lui. Bonnet se lève et court après sa
feuille qui passe de main en main.

LE PÈRE HIPPOLYTE : Bonnet, retournez à votre place.

Bonnet se rassied, sans quitter la feuille des yeux. Elle parvient jusqu'à Julien. Ses coins sont écornés, ses plis marqués, comme si elle avait séjourné longtemps dans un portefeuille. Julien l'ouvre et voit une large écriture féminine aux jambages accentués.

JULIEN *(lisant)* : « Mon petit chéri, comme tu comprends bien, il m'est très difficile de t'écrire. Monsieur D. allait à Lyon et il a bien voulu poster cette lettre. Nous sortons le moins possible ta tante et moi... »

Un élève rentre et vient parler au Père Hippolyte.

LE PÈRE HIPPOLYTE : Julien Quentin, confesse.

Julien se lève. Il fait un détour pour passer près de Bonnet et laisse tomber la lettre sur son pupitre.

JULIEN : Elle a pas la conscience tranquille, ta mère.

18.

Le bureau du Père Jean. Julien est à genoux dans la pénombre, au milieu de la pièce. Assis devant lui, le Père Jean, étole autour du cou, finit de le confesser.

JULIEN : Ah oui, je me suis battu avec ma sœur pendant les vacances.

LE PÈRE JEAN : Vous n'oubliez rien ?

JULIEN : Je ne crois pas.

LE PÈRE JEAN : Vous n'avez pas eu de mauvaises pensées ?

Julien le regarde.

LE PÈRE JEAN : Vous savez très bien ce
que je veux dire. Tout le monde a des
mauvaises pensées.

JULIEN : Même vous ?

Le Père Jean sourit.

LE PÈRE JEAN : Même moi.

Julien danse d'un genou sur l'autre, en faisant
des grimaces.

LE PÈRE JEAN : Qu'est-ce que vous avez ?

JULIEN : Des engelures.

LE PÈRE JEAN : Faites voir.

Julien se redresse et lui montre son genou.

LE PÈRE JEAN : C'est le manque de vita-
mines. Dites à Mme Perrin de vous donner
de l'huile de foie de morue.

JULIEN : C'est le froid surtout. On gèle
dans le collège.

LE PÈRE JEAN : Je sais. Pensez qu'il y a
des gens plus malheureux que vous.
Vous avez dit à votre mère que vous
vouliez rentrer dans les ordres.

JULIEN *(surpris)* : Elle vous l'a dit ?

Le prêtre fait oui de la tête.

LE PÈRE JEAN : A mon avis, vous n'avez
aucune vocation pour la prêtrise.

JULIEN : Vous croyez ?

LE PÈRE JEAN : J'en suis sûr. Et c'est un
fichu métier.

Il lui donne l'absolution.

On entend la sonnerie du téléphone, stridente. Julien sursaute.

Le Père Jean se lève.

LE PÈRE JEAN : Dites trois « Je vous salue, Marie ». Vous pouvez rester debout.

Il décroche. Julien entend une voix excitée, incompréhensible, à l'autre bout de la ligne. On perçoit quelques mots : « Attention... repérés... précautions... »

LE PÈRE JEAN : D'où tenez-vous ça ?...
Méfiez-vous des rumeurs...
Qu'est-ce que vous voulez que j'y fasse...
Nous sommes entre les mains du Seigneur.

Il raccroche et reste un instant songeur comme s'il avait oublié la présence de Julien, qui termine ses « Je vous salue, Marie » en le regardant.

LE PÈRE JEAN : Vous vous entendez bien avec votre nouveau camarade ?

JULIEN : Bonnet ?

LE PÈRE JEAN : Soyez très gentil avec lui. Vous avez de l'influence sur les autres. Je compte sur vous.

JULIEN : Pourquoi ? Il est malade ?

LE PÈRE JEAN : Mais pas du tout ! Allez, sauvez-vous...

Julien quitte la pièce. Le prêtre le regarde avec un léger sourire.

19.

Une place de la petite ville.

Menés par le Père Michel, les quatrièmes et troisièmes avancent dans un brouillard épais, en rangs par deux, serviettes de toilette sous le bras.

Julien lit *Les Trois Mousquetaires* en marchant. Derrière lui, Babinot, Sagard et Boulanger discutent politique.

BABINOT : Si on n'avait pas Pétain, on serait dans la merde.

BOULANGER : Qu'est-ce qui dit ça ?

BABINOT : Mon père.

BOULANGER : Moi, mon père dit que Laval est vendu aux Allemands.

SAGARD *(sentencieux)* : Les juifs et les communistes sont plus dangereux que les Allemands.

CIRON *(se retournant)* : C'est ton père qui dit ça ?

SAGARD : Non, c'est moi.

Un ivrogne à bicyclette passe en zigzaguant. Rires, confusion et bousculades.

L'IVROGNE *(à tue-tête)* : *La Madelon, viens nous servir à boire...*

Bonnet marche maintenant à côté de Julien. Celui-ci cache son livre sous sa cape quand le Père Michel arrive à leur hauteur.

BONNET : C'est bien, hein ?

JULIEN : Quoi ?

BONNET : *Les Trois Mousquetaires.* Où tu en es ?

JULIEN : Quand ils jugent Milady.

BONNET : Quelle salope celle-là !

Julien le dévisage

JULIEN : Qu'est-ce que tu veux faire plus tard ?

BONNET : Je sais pas. Des maths.

JULIEN : Les maths, c'est chiant. Sauf si on veut être comptable.

BONNET : Mon père était comptable.

Ils tournent dans une petite rue et rentrent dans un établissement de bains-douches, d'aspect vieillot. Un policier français se tient devant la porte, sur laquelle on peut lire une pancarte : « Cet établissement est interdit aux juifs. »

20.

Il y a du monde dans les vestiaires des bains-douches. Quelques soldats allemands sont en train de s'habiller en chahutant et en parlant fort. Les élèves restent debout, intimidés, mais Bonnet s'assied entre deux Allemands et délace ses bottines. Un soldat lui caresse la joue et dit à ses compagnons, en allemand : « C'est frais, c'est doux. » Gros rires.

Les Allemands s'en vont. Les élèves se déshabillent. Babinot ramasse sous le banc une revue avec des photos de femmes déshabillées. Il la cache sous ses vêtements.

Le petit Du Vallier s'assied à côté de Bonnet.

DU VALLIER : C'est vrai, Bonnet, que tu fais pas ta communion solennelle ? Pourquoi ?

BONNET : Je suis protestant.

Boulanger recule en se bouchant le nez.

BOULANGER : Un parpaillot ! C'est dégueulasse.

Julien délace ses chaussures à côté de Bonnet.

JULIEN : C'est pas un nom protestant, Bonnet.

BONNET : Il faut croire que si.

Le Père Michel, en pantalon et torse nu, répartit les élèves entre les différentes douches de la salle commune. Il y a aussi quelques cabines avec des baignoires.

LE PÈRE MICHEL : Ciron, ici... Babinot, qu'est-ce que vous faites ?... Bonnet, prenez cette baignoire.

ROLLIN : Je peux en avoir une aussi ?

LE PÈRE MICHEL : Celle-ci.

ROLLIN : Ah non ! Elle est trop petite, cette baignoire. J'ai les pieds qui dépassent.

LE PÈRE MICHEL : Débrouillez-vous.

Plus tard.
Julien rêve dans sa baignoire, enfoncé jusqu'au cou. Il a les mains sous l'eau et se caresse mollement. On entend un piano — la pièce de Schubert — et la voix de Mlle Davenne : « Tu devrais essayer le violon. »
Quelqu'un cogne à la porte.

VOIX DU PÈRE MICHEL : Dépêchez-vous, Quentin. J'attends votre baignoire.

Julien mouille ses cheveux et les frotte avec son savon-ersatz. Il enfonce la tête sous l'eau.

La porte de la cabine s'ouvre. Le Père Michel entre, croit la baignoire vide, s'approche, voit Julien sous l'eau, immobile. Il se précipite, le soulève par les épaules. Julien éclate de rire.

LE PÈRE MICHEL : C'est malin ! Je vous ai dit de vous dépêcher...

Julien se dresse debout dans sa baignoire, face au Père Michel, qui détourne les yeux, gêné.

JULIEN : C'est pas de ma faute. Mon savon ne mousse pas.

21.

Un vent glacé souffle. Les élèves sortent des bains-douches, enfonçant leurs bérets sur leurs cheveux mouillés et se battant les bras contre la poitrine.

BOULANGER : Grouillez-vous, on gèle.

Derrière eux, un jeune homme sort des bains-douches, en veston. Il fait quelques pas et, tranquillement, enfile son manteau, qui porte une étoile jaune. Il s'éloigne.

BABINOT : Il a du culot, celui-là.

BOULANGER : Ta gueule, Babinot.

LE PÈRE MICHEL : Allez, vite ! On va rentrer au pas de course.

22.

Julien dort. Un son léger, persistant, lui fait ouvrir les yeux.

Bonnet a disposé deux bougies sur sa table de nuit. Debout, au pied de son lit, son béret sur la tête, il murmure.

Julien, les yeux écarquillés, regarde cette silhouette qui tremble dans la lumière des bougies, écoute cette litanie qui ne lui rappelle rien.

Il se redresse un peu, fait craquer son lit. Bonnet s'interrompt.

Julien ferme les yeux. Bonnet reprend.

23.

MOREAU : Flexion, un, deux... Les bras en arrière...

Moreau dirige le dérouillage matinal des petites classes, quand un groupe de miliciens en uniforme

— vestes bleues, baudriers, bérets — pénètre dans la cour.

La file des élèves passe devant eux, au pas de course. Moreau prend la tête et entraîne les élèves vers l'autre extrémité de la cour. Il leur fait faire des flexions, son regard fixé sur les miliciens qui parlent maintenant au Père Jean, devant la cuisine. On entend des éclats de voix.

LE PÈRE JEAN : Vous n'avez pas le droit d'entrer ici.

UN MILICIEN : Nous avons des ordres.

LE PÈRE JEAN : Des ordres de qui ?

LE MILICIEN : De nos chefs.

LE PÈRE JEAN : Vous êtes ici dans une institution privée où il n'y a que des enfants et des religieux. Je me plaindrai.

LE MILICIEN : A qui ?

Les élèves commentent en faisant leurs mouvements.

BABINOT : On dirait des chasseurs alpins.

CIRON : Mais non, c'est la milice.

BOULANGER : Qu'est-ce qu'ils veulent, les collabos ?

Bonnet, arrêté, regarde les miliciens. Ceux-ci rentrent dans le bâtiment malgré les protestations du Père Jean.
Moreau aussitôt interrompt le dérouillage.

MOREAU : Nous avons terminé. Vous pouvez rentrer.

Les élèves, surpris, rompent les rangs. Moreau en profite pour se glisser dans la petite cour des W.-C.
Le Père Michel remonte rapidement la file des élèves. Il prend Bonnet par le bras et l'entraîne avec lui. Ils rejoignent Moreau.
Julien rebrousse chemin et les voit tous trois disparaître par une petite porte. Il revient vers le bâtiment. Les autres élèves sont déjà rentrés.
Joseph ramène les poubelles.

JOSEPH : Ta confiote a fait un malheur. T'en as d'autres ?

JULIEN : Qu'est-ce qui se passe ? Qu'est-ce qu'ils sont venus faire, les miliciens ?

JOSEPH : Ils fouinent. On leur a dit qu'il y avait des réfractaires au collège.

JULIEN : C'est quoi, des réfractaires ?

JOSEPH : Des types qui se cachent parce qu'ils veulent pas aller faire leur travail obligatoire en Allemagne. Moreau, c'en est un.

JULIEN : Ah bon ?

JOSEPH : Ouais. C'est pas son vrai nom, Moreau. *(Il tape sur sa mauvaise jambe.)* Moi, je m'en fous, je serai réformé.

On entend la voix de Mme Perrin, venant de la cuisine.

MME PERRIN : Joseph ! Joseph !

Elle débouche de la cuisine comme un torpilleur.

JOSEPH : On vient ! *(A Julien :)* Elle est pire que l'Allemagne.

24.

En classe, M. Tinchaut donne les résultats de la composition française.

M. TINCHAUT : Rollin, c'est moyen. Neuf et demi. Bonnet... Bonnet n'est pas là ?

SAGARD : Bon débarras !

M. TINCHAUT : Quentin, treize. C'est intelligent, mais un tantinet prétentieux. Vous écrivez par exemple : « Charles Péguy voit la cathédrale comme un phare grandiose et généreux. » *(Rires.)*

Le Père Michel rentre avec Bonnet et l'envoie s'asseoir à sa place, à côté du petit Navarre.

NAVARRE : Où t'étais ?

Le Père Michel chuchote quelque chose à l'oreille de Tinchaut, puis s'en va. Tinchaut enchaîne :

M. TINCHAUT : Ciron, douze. Où êtes-vous allé chercher qu'il y a des péniches au milieu de la Beauce ?

CIRON : Le canal de la Foussarde, m'sieur. J'y étais en vacances.

M. TINCHAUT : Bonnet, je vous ai mis treize et demi. Bon travail. Sensible et bien écrit. Quentin, vous allez avoir de la compétition.

Julien ne quitte pas Bonnet des yeux. Celui-ci soutient son regard.

25.

Le déjeuner est fini, les élèves sortent du réfectoire.

Bonnet et Négus passent en discutant à voix basse. Près de la cuisine, Julien voit Joseph glisser quelques cigarettes à François qui les met rapidement dans sa poche.

FRANÇOIS : J' peux pas te payer tout de suite.

JOSEPH : Tu m'as promis, Quentin.

François, s'éloignant, désigne son frère :

FRANÇOIS : Demande au petit con, je suis sûr qu'il lui reste du sucre. Il est tellement radin.

Joseph rattrape Julien et sort des billes de sa poche.

JOSEPH : Des agates. Tiens, je t'en donne une.

Julien fait briller une agate dans la lumière.

UNE VOIX : Quentin. Julien Quentin.

C'est un surveillant qui distribue le courrier au pied de l'escalier.
Julien empoche la bille et court chercher sa lettre.

JOSEPH : Attends !

Julien monte l'escalier en déchirant l'enveloppe.

26.

Julien entre dans le dortoir désert. Il va s'asseoir sur son lit, lisant la lettre.

VOIX DE LA MÈRE : L'appartement semble vide sans toi. Paris n'est pas drôle en ce moment. Nous sommes bombardés presque chaque nuit. Hier une bombe est tombée sur un immeuble à Boulogne-Billancourt. Huit morts. Charmant !

Tes sœurs sont rentrées à Sainte-Marie. Sophie travaille à la Croix-Rouge le jeudi et le dimanche. Il y a tellement de malheureux !

Ton père est à Lille. Son usine tourne au ralenti, il est d'une humeur de chien. Il est vraiment temps que la guerre se termine.

Je viendrai vous sortir dimanche en huit, comme prévu. Nous irons déjeuner au Grand Cerf. Je m'en réjouis déjà et te serre sur mon cœur.

Ta maman qui t'aime.

P.-S. : Mange tes confitures. Je vous en apporterai d'autres. Prends bien soin de ta santé.

Julien replie la lettre, la porte à son visage et la renifle, puis la range dans sa table de nuit.

Il regarde autour de lui, soulève l'oreiller de Bonnet, trouve deux bougies qu'il fait tourner dans ses doigts.

Il se lève et va ouvrir son casier. Il y surprend une souris le nez dans son kilo de sucre.

JULIEN : Pousse-toi, Hortense !

Il chasse la souris, prend un morceau de sucre et le croque.

Il va ouvrir un placard un peu plus loin, fouille dans les vêtements, sort une pile de livres. Dans l'un d'entre eux il découvre une photo de Bonnet plus jeune assis entre un homme et une femme. Tous trois sourient et se tiennent par le bras devant des fortifications — le château d'If.

Il ouvre un livre, une édition illustrée de *L'Homme à l'oreille cassée,* d'Edmond About. Sur la page de garde, un papier est collé. Il lit : « Lycée Jules Ferry. Année scolaire 1941-1942. Premier prix de calcul. Jean... » Le nom de famille a été raturé. Mais, sur la page opposée, l'encre de l'inscription est reproduite à l'envers.

Il approche le livre d'une glace murale et lit : « Jean Kippelstein. » Il répète à mi-voix : « Kippelstein, Kippelstein » avec différentes prononciations.

Une cloche sonne. Il entend des pas et replace vivement le livre.

Boulanger et quelques élèves rentrent dans le dortoir.

BOULANGER : J'ai faim.

Bonnet rentre à son tour, discutant avec Navarre. Il ne voit pas Julien.

NAVARRE : Qu'est-ce que c'est exactement, une médiatrice ?

BONNET : La perpendiculaire d'un segment en son milieu.

27.

M. Florent, le professeur de grec, marche à petits pas dans la classe, cassé en deux, se frottant les mains constamment pour se réchauffer. Il dicte lentement un passage de la *Guerre du Péloponnèse,* où Thucydide raconte la mutilation des Hermès à Athènes.

Julien écrit sous la dictée, très vite. Après chaque phrase, il a un moment pour sortir *Les Trois Mousquetaires* de sous son cahier et lire avidement quelques lignes. Il en est aux dernières pages.

Bonnet ne fait pas de grec. Il dessine un avion de chasse aux cocardes tricolores, très minutieusement.

La cloche sonne. Les élèves se ruent vers la porte. Bonnet continue son dessin.

M. FLORENT *(à Bonnet)* : Le grec est très utile, vous savez. Tous les mots scientifiques ont une racine grecque.

Il s'en va.

Bonnet lève la tête et voit Julien, accroupi près du poêle. Ils sont seuls.

Julien termine *Les Trois Mousquetaires*, soupire, referme le livre.

JULIEN : Qui tu préfères, Athos ou d'Artagnan ?

BONNET *(sans lever la tête)* : Aramis.

JULIEN : Aramis ! C'est un faux cul.

BONNET : Oui, mais c'est le plus intelligent.

Julien s'avance vers Bonnet et regarde son dessin.

JULIEN : Pourquoi tu fais pas de grec ?

BONNET : Je faisais latin-moderne.

JULIEN : Où ça ?

BONNET : Au lycée. A Marseille.

JULIEN : T'es marseillais ? T'as pas l'accent.

BONNET : Je ne suis pas né à Marseille.

JULIEN : Où t'es né ?

BONNET : Si je te disais, tu saurais pas où c'est. C'est dur, le grec ?

JULIEN : Pas tellement, une fois que t'as pigé l'alphabet. Tes parents sont à Marseille ?

Bonnet se lève, range son dessin.

BONNET : Mon père est prisonnier.

JULIEN : Il s'est pas évadé ?

Bonnet met sa cape et va sortir. Julien l'attrape par l'épaule.

JULIEN : Et ta mère ? Elle est où, ta mère ?

Bonnet essaie de se dégager, mais Julien le coince contre un pupitre.

JULIEN : Tu veux pas me dire où est ta mère ?

BONNET : Elle est en zone libre.

JULIEN : Y a plus de zone libre.

BONNET : Je sais. Fous-moi la paix ! Je te demande rien, moi... Je sais pas où elle est. Elle m'a pas écrit depuis trois mois. Là, t'es content ?

Le Père Hippolyte est entré dans la pièce, silencieusement.

LE PÈRE HIPPOLYTE : Qu'est-ce que vous faites là tous les deux ?

JULIEN : Je suis enrhumé. Je tousse. *(Il tousse.)*

LE PÈRE HIPPOLYTE : Allez, pas d'histoires. Allez en récréation.

Il sort.
Les deux garçons se regardent, aussi gênés l'un que l'autre.

JULIEN : Il est salaud, Hippo. Toujours à fouiner.

28.

Les élèves jouent au foulard. Ils ont des foulards de scouts passés dans leur ceinture, derrière leur dos, et essaient de se les arracher mutuellement.

Julien traverse le jeu, tête baissée, et va rejoindre François, à côté des cochons, en train de fumer avec Pessoz et un autre grand. Ils discutent philosophie.

FRANÇOIS : Saint Thomas, ça tient pas debout. Ses preuves de l'existence de Dieu sont foireuses.

PESSOZ : Puisque nous avons l'idée de Dieu, Dieu existe.

FRANÇOIS : Pur sophisme... Bergson, lui au moins, il cherche la transcendance dans la science moderne. C'est moins con.

Il fait tirer une bouffée de sa cigarette à Julien, qui s'étrangle. Les autres rient.

JULIEN : Qu'est-ce que c'est fort !

FRANÇOIS : C'est du vrai, petit con. Pas de la barbe de maïs.

Les joueurs se rapprochent. Négus arrache un foulard et, poussant des cris de triomphe, le fait tourner au-dessus de sa tête.

FRANÇOIS : Allez, restons pas là, on va se faire piquer par les babasses.

Il jette son mégot et entraîne Julien par le bras.

FRANÇOIS : Rends-moi service.

JULIEN : Quoi ?

FRANÇOIS : Tu vas passer un billet à la petite Davenne, ton prof de piano.

JULIEN : T'es fou ! Je vais me faire virer.

FRANÇOIS : Mais non. Elle dira rien. Ce que t'es trouillard !

JULIEN : François, qu'est-ce que c'est un youpin ?

FRANÇOIS : Un juif.

JULIEN : Je sais ! Mais c'est quoi exactement ?

85

FRANÇOIS : Quelqu'un qui ne mange pas de cochon.

JULIEN : Tu te fous de ma gueule.

FRANÇOIS : Pas du tout.

JULIEN : Qu'est-ce qu'on leur reproche exactement ?

FRANÇOIS : D'être plus intelligents que nous. Et aussi d'avoir crucifié Jésus-Christ.

JULIEN : C'est pas vrai, c'est les Romains. Et c'est pour ça qu'on leur fait porter l'étoile jaune ?

FRANÇOIS : Mais non ! Tu donneras ma lettre à Davenne ?

JULIEN : Sûrement pas. Qu'est-ce que tu lui veux d'abord ?

FRANÇOIS : T'occupe ! Allez sois gentil, je te passerai *Les Mille et Une Nuits*, pour t'apprendre à bander.

Ils entendent des cris, voient un rassemblement près de la cuisine. Joseph est à terre au milieu d'un groupe d'élèves qui se moquent de lui et le font tomber chaque fois qu'il se relève.

UN ÉLÈVE : Tu sens mauvais, Joseph.

LE PÈRE MICHEL : Allons ! Arrêtez tout de suite !

Joseph est enragé. Il se jette sur un élève.

JOSEPH : Il m'a traité d'enfoiré.

Moreau intervient et l'entraîne.

MOREAU : Joseph, calme-toi et rentre à la cuisine.

JOSEPH : Couché, Joseph. A la niche, Joseph. Je suis pas un chien !

Un élève se met à aboyer.

LE PÈRE MICHEL : D'Arsonval, ça suffit.

29.

Julien et Bonnet sont les plus jeunes des huit garçons du collège qui s'avancent dans un chemin forestier — l'équivalent d'une patrouille scoute. Ils portent capes et bérets, un foulard vert autour du cou, la ceinture par-dessus la cape et, dans le dos, un autre foulard passé dans la ceinture.

Ils suivent des signes de piste marqués sur les rochers, une flèche d'abord puis, plus loin, une croix.

UN GARÇON : Merde, encore une fausse piste...

Pessoz, le chef de patrouille, leur fait rebrousser chemin.

PESSOZ : Il faut revenir au croisement, vite. Et en silence. Je me demande où sont les autres.

Boulanger, Julien et Bonnet traînent derrière. Bonnet joue avec une pomme de pin. Julien est perdu dans une songerie.

JULIEN : C'est quel jour aujourd'hui ?

BOULANGER : 17 janvier 44. Jeudi.

JULIEN : Est-ce que tu réalises qu'il n'y aura plus jamais de 17 janvier 44. Jamais, jamais, jamais plus.

PESSOZ *(de loin)* : Grouillez-vous, les petits.

JULIEN : Et dans quarante ans, la moitié de ces types seront morts et enterrés.

BOULANGER : Allez, viens.

Le chemin fait le tour d'un gros rocher, derrière lequel les autres disparaissent. Boulanger accélère pour les rejoindre.

> JULIEN *(à Bonnet)* : Y a que moi qui pense à la mort dans ce collège C'est quand même incroyable.

Ils entendent des cris, se mettent à courir. Ils s'arrêtent derrière le rocher et voient les verts un peu plus loin, attaqués par une autre patrouille, les foulards rouges. Le combat est presque terminé. Pessoz se défend avec acharnement, mais tous les rouges l'encerclent et lui arrachent son foulard de ceinture.

> UN ROUGE : Vous êtes prisonniers. Suivez-nous. On va vous attacher les mains dans le dos.

> PESSOZ : Vous saviez qu'on était là ?

> UN ROUGE : On vous entendait à un kilomètre.

D'AUTRES ROUGES : Il en manque deux...
Là-bas !... C'est Quentin !

Quatre ou cinq rouges courent vers Julien et Bonnet en essayant de les encercler.

Julien et Bonnet s'enfuient à travers la futaie, le plus vite qu'ils peuvent. Bonnet perd du terrain sur ses poursuivants et se fait prendre. Julien tourne brusquement à gauche et les perd de vue.

Il continue longtemps, sans se retourner, jusqu'à ce que, épuisé, il se couche derrière un rocher.

Il reprend son souffle, la tête dans les mains, et entend des appels, des voix, très proches, puis qui s'éloignent.

Le silence revient. Il marche. Sa jambe lui fait mal et le ralentit. Il se retrouve sur un chemin forestier et voit une flèche sur un arbre.

Il sourit, monte dans la direction de la flèche. Au loin, on entend encore des coups de sifflet, quelques appels. La nuit commence à tomber.

Sur un rocher, il trouve un cercle qui entoure une flèche pointée vers le sol.

Il cherche autour du rocher, voit des branches cassées en forme d'étoiles. Il fouille et extrait du sol une petite boîte en fer-blanc qui contient des biscuits vitaminés et un papier sur lequel il lit :

« Vous avez gagné. Le jeu est terminé. Rentrez par le même chemin. »

Julien se dresse, triomphant, et se met à hurler, de toutes ses forces :

JULIEN : J'ai le trésor ! On a gagné ! Les verts ont gagné !

Un grand silence lui répond. Il fait nuit maintenant. Les arbres serrés de la futaie forment un mur noir qui l'encercle. Il prend la boîte et se met à descendre en claudiquant, cherchant les signes qui le ramèneront vers les autres, mais il se perd dans un dédale de rochers. Il ouvre la boîte et mange un biscuit. Il lance des appels, de temps en temps, sans conviction.

Il entend un craquement, s'arrête brusquement. Au-dessous de lui, une silhouette se cache derrière un rocher.

Julien, terrifié, recule. Il fait craquer une branche.

L'autre se lève, regarde, se cache.

Julien descend en faisant le tour des rochers, très vite. Il s'éloigne en courant quand il entend un « Julien » étouffé.

Il revient et reconnaît Bonnet, mort de froid comme lui.

JULIEN : Ils t'ont pas attrapé ?

BONNET : Si. Ils m'ont attaché à un arbre, mais je me suis déficelé.

JULIEN : Les salauds !

Julien lui tend la boîte.

JULIEN : J'ai trouvé le trésor. Tout seul.

BONNET : Y a des loups dans cette forêt ?

Ils marchent à travers les ronces, trébuchent dans le noir. Bonnet gémit, ou marmonne une prière, on ne sait. Julien a de grosses larmes sur les joues. Il chantonne *Maréchal, nous voilà*. Bonnet se joint à lui.

Ils entendent une cavalcade, des grognements. Ils voient un sanglier qui trotte entre les arbres, fouinant le sol. Julien claque des dents, de plus en plus vite. Bonnet le tire en arrière. Ils tombent, faisant craquer des branches. Le sanglier s'enfuit.

Ils débouchent sur une route goudronnée.

JULIEN : C'est à droite. J'en suis sûr.

BONNET : Mais non, c'est à gauche

Ils font quelques pas, chacun de leur côté, quand ils entendent un bruit de moteur.

Deux phares viennent vers eux, deux phares de la guerre, occultés à la peinture noire. Seule une mince raie laisse passer la lumière.

Julien se met au milieu de la route, levant les bras. La voiture ralentit, s'arrête. Il entend des voix allemandes qui l'interpellent, le cliquetis de fusils qu'on arme.

Pris de panique, Bonnet se jette dans les arbres, trébuche, tombe en criant

Deux Allemands le rattrapent, leurs Mauser pointés sur lui. Ils rient quand ils voient cet enfant à terre qui les regarde, terrorisé.

30.

Julien et Bonnet sont coincés entre deux soldats a l'arrière de la voiture allemande. Ils partagent une couverture et grelottent.

La voiture rentre en ville. Le caporal assis à côté du chauffeur se retourne. Son français est plutôt bon.

> LE CAPORAL : C'est à côté de l'église, le grand mur ?

Julien fait oui de la tête.

> LE CAPORAL *(content de lui)* : Je connais. Les Bavarois, nous sommes catholiques.

31.

Le Père Hippolyte ouvre la porte du collège au caporal, qui pousse devant lui les deux enfants toujours blottis sous la couverture.

> LE CAPORAL *(goguenard)* : Bonsoir, mon Père. Est-ce que vous avez perdu des enfants ?

> LE PÈRE HIPPOLYTE : On vous a cherchés partout tous les deux. Julien, tu sais l'heure qu'il est ? Il faut toujours que tu fasses l'imbécile.

> JULIEN *(il explose)* : L'imbécile ! C'est trop fort. *(Il brandit la boîte en fer-blanc.)* J'ai trouvé le trésor, et après, tout le monde avait disparu, et après...

Il s'effondre en sanglots, furieux, épuisé.
Le Père Jean apparaît, suivi de quelques élèves Il serre Julien dans ses bras.

LE PÈRE JEAN · C'est fini, mon petit. C'est fini.

UN ÉLÈVE : Qu'est-ce qui leur est arrivé ?

UN AUTRE ÉLÈVE : Ils se sont fait arrêter par les boches.

Quelqu'un fait : « Chut ! »

LE CAPORAL *(goguenard)* : Est-ce que les boches peuvent avoir leur couverture ?

Le Père Jean prend la couverture et la rend à l'Allemand.

LE CAPORAL : La forêt est interdite aux civils après 20 heures. Vous n'avez pas entendu parler du couvre-feu ?

LE PÈRE JEAN *(agacé)* : Vous croyez que nous l'avons fait exprès ? Voulez-vous entrer boire quelque chose de chaud ?

LE CAPORAL : Merci. Nous sommes en patrouille.

Il salue et retourne à sa voiture.
Pessoz apparaît.

PESSOZ : Dis donc, Quentin, qu'est-ce que je me suis fait engueuler à cause de toi !

JULIEN *(il claque des dents)* : Je vous ai fait gagner, espèce de con !

LE PÈRE JEAN : Emmenez-les à l'infirmerie.

32.

L'infirmerie est située sous les combles. La plupart des lits sont inoccupés.
Bonnet, assis sur son lit, est en grande conversation avec Négus.

Un peu plus loin, Julien lit, dressé sur un coude. Il lève les yeux, agacé par les rires de Négus et Bonnet.

François rentre et tend à Julien une tartine avec du pâté.

FRANÇOIS : Ça va mieux, petit con ?
Tiens, je t'apporte un cadeau de Joseph. Et une lettre. Ta mère m'a quand même écrit.

JULIEN : *Ma* mère. C'est aussi la tienne.

FRANÇOIS : Oui, mais c'est toi le petit chéri.
Papa est tout le temps à Lille, elle doit s'envoyer en l'air.

JULIEN : Qu'est-ce qui te fait dire ça ?

FRANÇOIS : Les femmes, mon cher, c'est toutes des putes. Oh pardon, ma sœur...

Il contourne l'infirmière avec une pirouette et disparaît.

JULIEN : Quel imbécile !

Il prend la lettre de sa mère et la lit.
L'infirmière, une bonne sœur avec un grain de beauté au menton d'où sortent des poils, avance vers Julien, tenant à la main une bouteille remplie d'un liquide violet.

L'INFIRMIÈRE : C'est l'heure du badigeon.

JULIEN : Encore !

L'INFIRMIÈRE : Trois fois par jour.

Elle trempe dans la bouteille une baguette en bois dont l'extrémité est enroulée d'ouate. Julien continue de lire la lettre.

L'INFIRMIÈRE : Ouvre la bouche... Plus grand que ça.

D'une main, elle lui retient la langue avec une cuillère, et de l'autre lui enfonce vigoureusement la baguette dans la gorge, la remuant en tous sens comme si elle lui peignait le larynx.

Julien s'étouffe, tousse, proteste.

Ciron et Boulanger sont au pied du lit.

BOULANGER : T'as dû avoir drôlement peur hier soir !

JULIEN : Oh, pas tellement.

CIRON : Il paraît que vous avez vu des sangliers ? Ils étaient nombreux ?

Julien regarde Bonnet qui est venu se joindre à eux

JULIEN : Une cinquantaine.

BOULANGER : Et les Allemands ? Ils ont tiré ?

JULIEN : Quelques rafales, c'est tout.

CIRON : Tu parles !

Il prend le livre de Julien sur le lit.

CIRON : Qu'est-ce que tu lis ?

JULIEN : *Les Mille et Une Nuits.* C'est mon frère qui me l'a passé. Interdit par les babasses.

CIRON : Pourquoi ?

JULIEN : C'est des histoires de cul. Très chouette. Je te le prêterai.

La cloche sonne.

L'INFIRMIÈRE : La récréation est terminée.

BOULANGER : Faut qu'on aille en instruction religieuse.

JULIEN : Vous embrassez la Mère Michel pour moi.

BOULANGER : Plutôt deux fois qu'une. A demain !

Ciron et Boulanger s'en vont.

Bonnet attrape une mouche dans ses mains fermées. Il la saisit entre ses doigts et lui arrache une aile, délicatement.

JULIEN : T'es dégueulasse.

BONNET : Ça lui fait pas mal.

Julien mord la tartine de pâté. Il la coupe en deux et en tend une moitié à Bonnet.

BONNET : Non, merci. J'aime pas le pâté.

Julien essaie de lui mettre dans la bouche.

JULIEN : Allez, mange.

Bonnet repousse la tartine et se lève, en colère.

BONNET : Non, je te dis. J'aime pas le pâté.

JULIEN : Parce que c'est du cochon ?

BONNET : Pourquoi tu me poses toujours des questions idiotes ?

JULIEN *(à voix très basse)* : Parce que tu t'appelles Kippelstein, pas Bonnet. Au fait, c'est Kippelstein ou Kippelstin ?

Bonnet se jette sur lui. L'infirmière survient et les sépare.

L'INFIRMIÈRE : Bonnet, si vous ne vous couchez pas tout de suite, je vous renvoie en étude.

Bonnet retourne dans son lit. Julien, sans le quitter des yeux, finit la tartine.

33.

Aux lavabos, les élèves sont en tenue du dimanche, vestes et cravates.

Julien s'ajuste devant son miroir, très soigneusement. Il se mouille les cheveux, se fait une raie, avec une touche de narcissisme.

> JULIEN *(à son voisin)* : Tes parents viennent ?

> L'AUTRE *(soupir)* : Toute la famille...

Bonnet vient se laver, habillé comme tous les jours.

> JULIEN *(gaiement)* : Tu t'habilles pas ? T'as pas de visites ?

> BONNET : Qu'est-ce que ça peut te foutre ?

34.

Les travées de la chapelle sont pleines. Tous les professeurs sont là et beaucoup de parents, aux côtés de leur progéniture. Mme Quentin est avec François et Julien.

Bonnet. Négus et Dupré sont seuls, derrière, un peu comme des parias.

Claquement de mains. Tout le monde s'assied. Le Père Jean, qui officie, s'avance vers l'assemblée.

LE PÈRE JEAN : Aujourd'hui, je m'adresserai particulièrement aux plus jeunes d'entre vous, qui vont faire leur communion solennelle dans quelques semaines.

Mes enfants, nous vivons des temps de discorde et de haine. Le mensonge est tout-puissant, les chrétiens s'entre-tuent, ceux qui devraient nous guider nous trahissent. Plus que jamais, nous devons nous garder de l'égoïsme et de l'indifférence.

Vous venez tous de familles aisées, parfois très aisées. Parce qu'on vous a donné beaucoup, il vous sera beaucoup demandé. Rappelez-vous la sévère parole de l'Évangile : « Il est plus facile à un chameau de passer par le chas d'une aiguille qu'à un riche d'entrer dans le Royaume du Seigneur. » Et saint Jacques : « Eh bien maintenant, les riches ! Pleurez, hurlez sur les malheurs qui vont vous arriver. Votre richesse est pourrie, vos vêtements sont rongés par les vers... »

Les richesses matérielles corrompent les âmes et dessèchent leurs cœurs. Elles rendent les hommes méprisants, injustes, impitoyables dans leur égoïsme. Comme je comprends la colère de ceux qui n'ont rien, quand les riches banquettent avec arrogance.

Cette diatribe suscite des réactions dans l'assistance.

MME QUENTIN : Il y va fort quand même !

Un monsieur bien mis se lève et quitte la chapelle.

Impassible, le Père Jean attend que l'homme soit sorti.

LE PÈRE JEAN : Je n'ai pas voulu vous choquer, mais seulement vous rappeler que le premier devoir d'un chrétien est la charité. Saint Paul nous dit dans l'Épître d'aujourd'hui : « Frères, ne vous prenez pas pour des sages. Ne rendez à personne le mal pour le mal. Si ton ennemi a faim, donne-lui à manger. S'il a soif, donne-lui à boire. »

Nous allons prier pour ceux qui souffrent, ceux qui ont faim, ceux que l'on persécute. Nous allons prier pour les victimes, et aussi pour les bourreaux.

Plus tard.

Communion. Élèves et parents vont recevoir la Sainte Hostie. Julien s'avance, mains jointes, yeux baissés. Bonnet sort de son banc et vient se placer dans la file, malgré Négus qui tente de le retenir.

Il s'agenouille à côté de Julien. Le Père Jean

s'avance vers eux, ciboire à la main. Il approche l'hostie de la bouche de Bonnet. Quand il le reconnaît, sa main se fige.

Rapide échange de regards entre Bonnet, Julien et le Père Jean. Celui-ci dépose l'hostie sur la langue de Julien et continue.

35.

Après la messe, parents et élèves conversent par petits groupes avec les prêtres et les professeurs dans la cour du collège. Mme Quentin discute avec le Père Jean. François est auprès de Mlle Davenne, en robe du dimanche.

Julien et quelques copains simulent des combats de boxe française, s'envoyant des coups de pied, la jambe levée très haut. Ils sont excités, parlent fort, font les malins en présence de leurs parents.

Ciron et Babinot viennent tourner autour de Bonnet, qui les observe.

> BABINOT : En garde, Dubonnet, en garde.

Bonnet reçoit un coup de pied à la hanche. Furieux, il se jette sur Babinot. Ciron l'attrape par-derrière.

> CIRON : Aidez-moi, les autres. Tape-cul pour le parpaillot.

Dans la mêlée qui s'ensuit, Bonnet donne une manchette à Julien, qui l'empoigne et lui fait un croche-pied. Bonnet l'entraîne à terre avec lui et ils roulent sur le sol, se battant avec acharnement.
Mme Quentin se précipite.

> MME QUENTIN : Julien, tu es complètement fou ! Ton beau costume...

Ils se relèvent. Julien frotte sa veste. Il a une manche déchirée.

> MME QUENTIN : Nous aurons l'air de quoi au restaurant !

Bonnet regarde Julien, et rit. Julien se met à rire lui aussi.

> MME QUENTIN : Qu'est-ce qui vous prend ? Vous trouvez ça drôle ?

Cela dégénère en un fou rire contagieux, auquel Mme Quentin ne peut résister.
Julien va parler à l'oreille de sa mère.

36.

Le Grand Cerf est le restaurant élégant de la ville. Plusieurs tables sont occupées par des officiers de la Wehrmacht. Mme Quentin est en train de commander. Avec elle sont assis François, Julien, et Bonnet qui observe les Quentin comme s'il était au théâtre.

> MME QUENTIN : Qu'est-ce que vous avez comme poisson ?

LE MAÎTRE D'HÔTEL : Il y a longtemps que nous n'avons pas eu de poisson, madame. Je vous recommande le lapin chasseur. Un demi-ticket de viande par portion.

FRANÇOIS : C'est du lapin, ou du chat ?

LE MAÎTRE D'HÔTEL : Du lapin, monsieur. Avec des pommes rissolées.

MME QUENTIN : Elles sont au beurre, vos pommes de terre ?

LE MAÎTRE D'HÔTEL : A la margarine, madame. Sans ticket.

Mme Quentin regarde ses fils avec une moue comique.

MME QUENTIN : Va pour le lapin chasseur. Et une bouteille de bordeaux.

Le maître d'hôtel s'éloigne. Mme Quentin tourne la tête. Les Allemands à la table d'à côté parlent

112

bruyamment en la regardant. L'un d'eux lève son verre à son intention.

MME QUENTIN *(chuchote)* : Il y a de la verdure aujourd'hui. Je croyais qu'ils étaient tous sur le front russe.

FRANÇOIS : Vous leur avez tapé dans l'œil.

MME QUENTIN *(à Bonnet)* : Vos parents n'ont pas pu venir ?

BONNET : Non, madame.

MME QUENTIN : Pauvre petit.

FRANÇOIS : Et papa, au fait ? Il avait dit qu'il viendrait.

MME QUENTIN : Il a été empêché. Des problèmes avec l'usine.

JULIEN : Comme d'habitude...

MME QUENTIN : Ton pauvre père a des responsabilités écrasantes en ce moment.

FRANÇOIS : Il est toujours pétainiste?

MME QUENTIN : Personne n'est plus pétainiste !
(A Julien :) Au fait, on m'a appris ce qui
t'était arrivé dans la forêt. Qu'est-ce que je
n'ai pas dit au Père Jean ! Ces jeux scouts
sont ridicules, avec le froid qu'il fait. Dieu
sait ce qui aurait pu t'arriver, mon pauvre
chou. Une balle est si vite partie !

Elle lui caresse la joue. Julien recule le visage.

FRANÇOIS : Ça lui forme le caractère.

MME QUENTIN : C'est exactement ce que
le Père Jean m'a répondu. Former le
caractère ! Je vous demande un peu.

JULIEN *(désignant Bonnet)* : C'est lui qui
était avec moi dans la forêt.

Mme Quentin sourit à Bonnet.

MME QUENTIN : Je parie que vous êtes lyonnais. Tous les Gillet sont de Lyon et ils fabriquent tous de la soie.

JULIEN : Il s'appelle Bonnet, pas Gillet. Et il est de Marseille.

MME QUENTIN *(elle se tape la tête)* : Bien sûr !... J'ai connu une Marie-Claire Bonnet à Marseille, une cousine des Du Perron, les huiles. C'est votre mère ?

BONNET : Non, madame. Ma famille n'est pas dans les huiles.

MME QUENTIN : Tiens, ça m'étonne.

JULIEN : Le père de Bonnet est comptable.

MME QUENTIN : Ah bon !

Seul à une table, un vieux monsieur très élégant demande son addition. Le maître d'hôtel s'adresse à lui comme à un familier.

LE MAÎTRE D'HÔTEL : Tout de suite, monsieur Meyer. Vous avez bien déjeuné ?

MEYER *(sourire)* : Merci. Le lapin était acceptable.

Deux miliciens en uniforme sont entrés dans le restaurant et inspectent les tables. Le plus jeune s'approche de Meyer.

LE MILICIEN : Vos papiers, monsieur.

M. Meyer écrase sa cigarette, sort son portefeuille, tend sa carte d'identité. Le milicien y jette un œil.

LE MILICIEN *(très fort)* : Dis donc toi, tu ne sais pas lire ? Ce restaurant est interdit aux youtres.

Un grand silence s'est fait dans le restaurant. Julien regarde Bonnet, qui regarde Meyer.

MME QUENTIN : Qu'est-ce qu'ils ont be-
soin d'embêter les gens? Il a l'air si
convenable, ce monsieur.

Le maître d'hôtel s'avance

LE MAÎTRE D'HÔTEL : M. Meyer vient ici
depuis vingt ans. Je ne peux pas le mettre
à la porte quand même.

LE MILICIEN : Toi, ferme-la, le loufiat. Je
pourrais vous faire révoquer votre licence.

FRANÇOIS *(à mi-voix)* : Collabos!

L'autre milicien s'avance vers lui. Il est gros et
vieux, avec une moustache.

LE MILICIEN : C'est toi qui as dit ça?

MME QUENTIN : Tais-toi, François!
(Au milicien :) C'est un enfant. Il ne sait
pas ce qu'il dit.

LE MILICIEN : Nous sommes au service de la France, madame. Ce garçon nous a injuriés.

Il y a des remous dans la salle, comme si l'assistance prenait courage.

UNE FEMME : Laissez ce vieillard tranquille. C'est ignoble ce que vous faites.

D'autres voix s'élèvent : « Allez-vous-en... Vous n'avez pas le droit... »

UNE VOIX *(stridente)* : Ils ont raison. Les juifs à Moscou !

Une voix allemande couvre le brouhaha : « Foutez le camp ! »
Silence. Derrière les Quentin, un officier s'est levé. Il a un bras en écharpe, porte monocle et beaucoup de décorations. Il est ivre, il a du mal à se

118

tenir debout. Il s'approche du vieux milicien et le toise. Il a une tête de plus que lui.

> L'OFFICIER : Vous m'avez compris ? Foutez le camp.

Le milicien le regarde, hésite. Finalement, il salue l'Allemand et se retire, entraînant son jeune collègue.

> LE JEUNE MILICIEN *(à Meyer)* : On se retrouvera !

L'Allemand s'écroule dans sa chaise. Les conversations reprennent.

> MME QUENTIN : On peut dire ce qu'on veut. Il y en a qui sont bien.

> FRANÇOIS : Il a fait ça pour vous épater.

Bonnet regarde Meyer remettre son portefeuille dans son veston.

JULIEN *(brusquement)* : On n'est pas juifs, nous ?

MME QUENTIN : Il ne manquerait plus que ça !

JULIEN : Et la tante Reinach ? C'est pas un nom juif ?

MME QUENTIN : Les Reinach sont alsaciens.

FRANÇOIS : Ils peuvent être alsaciens *et* juifs.

MME QUENTIN : Fichez-moi la paix. Les Reinach sont *très* catholiques. S'ils vous entendaient !

Remarquez, je n'ai rien contre les juifs, au contraire. A part Léon Blum, bien entendu. Celui-là, ils peuvent le pendre.

Julien, tiens-toi droit.

120

37.

Atmosphère de dimanche dans les rues de la petite ville. On entend un limonaire.

Mme Quentin et Julien marchent côte à côte. Elle a le bras autour de son épaule.

MME QUENTIN : Il est gentil, ton ami, mais il ne parle pas beaucoup.

JULIEN *(sentencieux)* : Il a ses raisons.

MME QUENTIN : Ce n'est pas un crétin, alors ?

JULIEN : Pas du tout.

Mme Quentin rit, et se retourne.

MME QUENTIN : Où est passé François ?

Un peu en arrière, François donne des renseignements à un groupe de soldats allemands.

FRANÇOIS : Vous passez derrière l'église, et vous continuez tout droit, toujours tout droit, jusqu'au pont...

Les Allemands le remercient chaleureusement.

JULIEN : Il les envoie de l'autre côté. Il fait toujours ça avec la verdure.

MME QUENTIN : C'est malin.

François les rejoint. Il est éméché.

FRANÇOIS : Qu'est-ce que vous diriez si je partais au maquis ?

MME QUENTIN : Ne dis pas de bêtises. Tu dois passer ton bachot.

FRANÇOIS : Le bachot, le bachot. Il y a des choses plus importantes...

Julien vous a dit qu'il voulait être babasse ?

JULIEN : Je ne veux pas être babasse. Je veux être missionnaire au Congo.

MME QUENTIN : Je vous défends d'employer ce mot stupide de babasse. C'est dégoûtant. Vous devriez être pleins de reconnaissance pour ces malheureux moines qui se crèvent la santé à essayer de vous donner une éducation.

François et Julien terminent la phrase à l'unisson avec leur mère.

MME QUENTIN *(riant)* : Parfaitement !

François pousse Julien du coude : Joseph, endimanché, débouche d'une ruelle, tenant par le bras une fille très maquillée.

LA FILLE : Tu m'énerves ! C'est fou ce que tu m'énerves ! Fiche-moi la paix.

Elle lui lâche le bras et fait demi-tour. Joseph lui court après.

JOSEPH : Fernande, Fernande !

FRANÇOIS ET JULIEN : Fernande ! Fernande !

MME QUENTIN : Vous la connaissez ?...

Les deux frères rigolent.

MME QUENTIN : Mon petit Julien, tu es bien sûr que tu veux être prêtre ?

JULIEN : C'est contre vos idées ?

MME QUENTIN : Absolument pas. Ton père et moi serions très fiers. Mais je voudrais tellement que tu fasses polytechnique comme ton grand-père.

FRANÇOIS : Ne vous inquiétez pas. Il tombera amoureux et il défroquera. C'est un grand sentimental. comme Joseph.

Julien lui envoie un coup de poing. Les deux frères se battent.

Ils croisent une famille du collège : le fils, les parents, et la sœur, une jolie jeune fille de dix-sept ans. Le regard de la jeune fille croise celui de François. Celui-ci chuchote à son frère :

FRANÇOIS : Dis donc, elle est bandante, la sœur de Laviron. Je vais lui faire un frais.

Il fait demi-tour et rejoint les Laviron.

Mme Quentin regarde sa montre. Elle rejoint Julien et le serre contre elle.

Julien se dégage.

MME QUENTIN : Alors, c'est fini les câlins... Mais dis donc, tu as un peu de moustache.

JULIEN : Si je rentrais avec vous à Paris ?
Papa ne le saurait pas.

Elle le regarde, déconcertée. Elle le serre dans ses
bras.

38

Bonnet et quelques élèves descendent l'escalier
du collège, croisant Julien, trois pots de confiture
dans les bras, l'air sinistre.
Bonnet fait demi-tour et le rejoint.

BONNET : Elle est gentille, ta mère.
Qu'est-ce qu'elle parle vite !

JULIEN : Elle est folle.

BONNET : Tu vas la revoir bientôt. Vous
allez sortir pour le Mardi gras.

39.

Fin du dîner. Les élèves et les professeurs poussent les tables du réfectoire, installent un écran pour la séance hebdomadaire de cinéma. Le Père Michel charge le projecteur, sous l'œil critique de Moreau.

MOREAU : Si vous faites ça, nous allons casser comme l'autre fois.

LE PÈRE MICHEL : Je connais très bien cette machine !

Encore attablés, Bonnet et Julien se partagent un pot de confiture qu'ils étalent sur des biscottes.

BONNET : Qu'est-ce qu'elle est bonne, ta confiture !

JULIEN : C'est Adrienne qui la fait.

BONNET : C'est ta sœur, Adrienne ?

JULIEN : Non. C'est la cuisinière... Pourquoi tu ris ? Vous n'avez pas de cuisinière ?

BONNET : Non

JULIEN : Vous mangez au restaurant ?

BONNET *(riant)* : Mais non ! Ma mère fait très bien la cuisine.

Deux grands viennent prendre le banc où ils sont assis.

UN GRAND : Poussez-vous, les mômes.

JOSEPH : Dites donc, c'est mes confitures que vous bouffez.

JULIEN : Oh, ça va.

M. Florent accorde son violon. Il va accompagner les images muettes de Charlie Chaplin avec l'aide de Mlle Davenne au piano.

Bonnet et Julien sont assis côte à côte. La lumière s'éteint, le projecteur se met à cliqueter et le titre du film, *Charlot émigrant,* apparaît sur l'écran.

M. Florent et Mlle Davenne attaquent le *Rondo Capriccioso* de Saint-Saëns. Le pathos de la musique s'accorde avec le comique langoureux de Chaplin.

Les enfants regardent fascinés, moment tendre, moment d'oubli. François, debout à côté de Mlle Davenne, tourne les pages de la partition.

Quand vient une scène de poursuite, M. Florent enchaîne sur un mouvement rapide. La salle rit beaucoup. Ils connaissent le film par cœur et annoncent les gags à l'avance.

Ceux qui rient le plus sont Joseph et le Père Jean, côte à côte. C'est une surprise de voir ce prêtre austère plié en deux, riant aux éclats, se tapant sur les cuisses aux virevoltes du petit clown.

La musique se calme, Chaplin redevient sentimental. Il fait sa cour à la belle Edna Purviance. Enfants et professeurs ont l'œil rêveur.

Un petit cri aigu, une bousculade dans la pénombre. François tente d'embrasser Mlle Davenne, qui ne se laisse pas faire.

Le bateau des émigrants entre dans le port de New York. Négus, Bonnet et Julien regardent la statue de la Liberté apparaître sur l'écran.

40.

Le jour commence à peine à se lever à travers les fenêtres du dortoir. Les enfants sont écrasés dans leur lit. Personne ne bouge. On entend un « Merde » étouffé.

Julien se dresse sur son lit, glisse la main sous les draps.

JULIEN : Et merde...

Il rabat les couvertures et, avec sa serviette de toilette, éponge la tache humide. Cette fois, derrière son dos, Sagard l'observe.

Moreau rentre et allume.

MOREAU : Debout, c'est l'heure.

Julien, vite, recouvre le drap et fait mine de s'habiller. Mais Sagard attrape la serviette par le bout des doigts et la brandit.

SAGARD : Quentin pisse au lit. Quentin pisse au lit.

Julien se rue sur lui et, méchamment, le jette à terre. Il récupère sa serviette.

Mais d'autres élèves reprennent, en faisant cercle autour de Julien :

LES ÉLÈVES : Quentin pisse au lit. Quentin pisse au lit.

Julien, humilié, fou de rage, les repousse. Bonnet est à ses côtés, deux contre tous les autres.

41.

Aux lavabos, Julien se confie à Bonnet, tout en se lavant les dents.

> JULIEN : A chaque fois, c'est le même coup. Je suis au milieu d'un rêve formidable, j'ai envie de pisser, j'ouvre ma braguette, tout va bien. Et puis je me réveille en sentant la pisse chaude couler sur mon ventre C'est pas marrant, mon vieux.

42.

La neige tombe sur la cour de récréation.
Julien apprend à Bonnet à se tenir sur une paire d'échasses. Bonnet titube et tombe.

> JULIEN : Allez, remonte. N'aie pas peur

SAGARD *(en passant)* : Pisse-au-lit.

Julien lui court après.

JULIEN : Toi, le gros Sagard, tu vas prendre une bonne raclée.

On entend des hurlements. La volumineuse Mme Perrin surgit de la cuisine, poursuivant Joseph qu'elle frappe avec un torchon.

MME PERRIN : Salopard, espèce de salo-pard ! Tu vas voir...

On dirait le film de la veille et les élèves rient, mais la cuisinière est vraiment furieuse. Elle a un verre dans le nez, elle titube et manque de tomber.
  Elle aperçoit le Père Michel parmi les joueurs d'échasses.

MME PERRIN : Père Michel, Père Michel ! Je l'ai attrapé en train de voler du saindoux. Il le mettait dans son sac pour aller le vendre.

Je vous l'avais bien dit qu'il volait... Voleur, voleur, saloperie !

Tout en parlant, elle continue à taper sur Joseph, acculé contre un mur. Il lève les bras pour se protéger et semble terrifié.

JOSEPH : C'est pas vrai, elle ment ! C'est elle qui vole !

Les jeux se sont arrêtés, tout le monde regarde. Le Père Michel prend Joseph par le bras et l'entraîne vers la cuisine.

LE PÈRE MICHEL : Pas devant les enfants, madame Perrin. Rentrez dans votre cuisine et calmez-vous.

FRANÇOIS (à Julien) : Je lui avais dit à ce crétin qu'il allait se faire piquer.

134

Ils lèvent la tête et aperçoivent le Père Jean, qui observe la scène de la fenêtre de son bureau.

43.

Sept élèves de différentes classes sont alignés dans le bureau du Père Jean. Parmi eux, François et Julien.

> LE PÈRE JEAN : Joseph volait les provisions du collège et les revendait au marché noir. Mme Perrin aurait dû nous prévenir plus tôt et je ne crois pas qu'elle soit innocente.
> Mais il y a plus.

Il montre sur sa table des boîtes de pâté, des bonbons, des pots de confiture.

> LE PÈRE JEAN : Voilà ce qu'on a trouvé dans son placard. Ce sont des provisions

personnelles. Il vous a nommés tous les
sept.

Il prend une boîte de pâté.

LE PÈRE JEAN : Auquel d'entre vous ap-
partient ce pâté ?

UN ÉLÈVE : A moi.

LE PÈRE JEAN : Et ces confitures ?

JULIEN : A moi.

LE PÈRE JEAN : Vous savez ce que vous
êtes ? Un voleur, tout autant que Joseph.

JULIEN : C'est pas du vol. Elles m'appar-
tiennent, ces confitures.

LE PÈRE JEAN : Vous en privez vos camarades.
(A tous :) Pour moi, l'éducation, la
vraie, consiste à vous apprendre à faire
bon usage de votre liberté. Et voilà le

136

résultat ! Vous me dégoûtez. Il n'y a rien que je trouve plus ignoble que le marché noir. L'argent, toujours l'argent.

FRANÇOIS : On ne faisait pas d'argent. On échangeait, c'est tout.

Le Père Jean s'avance vers lui, le visage dur.

LE PÈRE JEAN : Contre quoi ?

FRANÇOIS *(après une hésitation)* : Des cigarettes.

LE PÈRE JEAN : Quentin, si je ne savais pas tous les problèmes que cela poserait à vos parents, je vous mettrais à la porte tout de suite, vous et votre frère.
Je suis obligé de renvoyer Joseph, mais je commets une injustice. Vous êtes tous privés de sortie jusqu'à Pâques. Vous pouvez retourner à l'étude.

Les élèves sortent. François chuchote à Julien :

FRANÇOIS : On s'en tire bien.

Dans le couloir, ils se trouvent en face de Joseph qui attend avec le Père Michel, le dos au mur. Il pleurniche comme un gosse.

JOSEPH : Et où je vais aller, moi ? J'ai même pas où coucher.

Les élèves sont très gênés. Julien lui met une main sur l'épaule.

LE PÈRE MICHEL : Allez en classe.

Ils s'éloignent. A l'extrémité du couloir, Julien se retourne et voit le Père Jean qui apparaît à la porte de son bureau.

LE PÈRE JEAN *(à Joseph)* : Allez voir l'économe. Il vous paiera votre mois.

138

JOSEPH : Y a que moi qui trinque. C'est pas juste.

LE PÈRE MICHEL : Allez, viens, Joseph.

Il l'entraîne, sous le regard du Père Jean, qui semble regretter la décision qu'il a prise.

44.

Bonnet ouvre la porte de la chapelle, qui est déserte. Il fait quelques pas, s'arrête, enfonce son béret sur sa tête. Défi, prière, on ne sait.

Julien et les autres quatrièmes entrent les uns après les autres en chahutant. Le Père Michel surgit derrière eux, les bras chargés de fleurs.

LE PÈRE MICHEL : Qu'est-ce que vous faites là ?

BOULANGER : On a chorale avec Mlle Davenne

LE PÈRE MICHEL : Ça tombe bien. Vous et Babinot, vous allez m'aider à arranger les fleurs pour dimanche.

Julien est le seul à remarquer Bonnet qui recule derrière un pilier, son béret sur la tête. Leurs regards se croisent.
Mlle Davenne entre en courant. Elle s'installe à l'harmonium.

MLLE DAVENNE : Bon ! Nous allons reprendre le *Je crois en toi, mon Dieu.*

Elle regarde autour d'elle.

MLLF DAVENNE : Bonnet n'est pas là ?

Julien se retourne vivement.

JULIEN : Non, mademoiselle. Il est à l'infirmerie.

MLLE DAVENNE : Ah bon.

Ils commencent à chanter : *Je crois en toi, mon Dieu, je crois en toi...*

45.

Bonnet joue un boogie-woogie sur le piano de la salle de musique.

Il s'arrête et montre à Julien comment faire la pompe sur les notes graves.

BONNET : Tu vois, c'est facile. Avec la main gauche, tu fais ça.

Julien essaie. Il est interrompu par le bruit assourdissant des sirènes d'alerte.

BONNET : Faut qu'on aille à l'abri.

On entend des coups de sifflet, des appels, un bruit de course qui se rapproche.

Julien entraîne Bonnet derrière le piano.

Moreau entre une seconde, croit que la pièce est vide et repart.

> JULIEN : Ils sauront pas qu'on est manquants. Ils comptent jamais.

Plus tard.

Debout devant le piano, ils jouent un boogie à quatre mains. Julien fait la basse, Bonnet improvise sur le haut du clavier. Ils rient aux éclats.

46.

Le collège semble abandonné. Seules, deux silhouettes d'enfants au milieu de la cour enneigée.

Julien et Bonnet écoutent les bruits lourds des bombardiers et les rafales sèches de la D.C.A. allemande.

BONNET : J'espère qu'ils vont se décider à débarquer, les Américains.

JULIEN : Tu vas rester au collège quand la guerre sera finie ?

BONNET : Je ne sais pas... Je ne crois pas.

Il a comme un tremblement de tout le corps.

JULIEN : Tu as peur ?

BONNET : Tout le temps.

47.

Dans la cuisine, Bonnet et Julien profitent de l'alerte pour se faire rôtir des châtaignes. Ils se brûlent les mains en les dépiautant.

JULIEN : Y a combien de temps que tu l'as pas vu ?

BONNET : Mon père ? Ça fait presque deux ans.

JULIEN : Moi, mon père non plus, je ne le vois jamais.

Il prend brusquement le bras de Bonnet et tous deux s'accroupissent sous la grande table.
Joseph entre dans la cuisine. Il va ouvrir un tiroir et fouille, leur tournant le dos.
Julien se relève.

JULIEN : Qu'est-ce que tu fais là, Joseph ?

Joseph sursaute.

JOSEPH : J'ai oublié des affaires. Et toi, qu'est-ce que tu fais là ?

Il s'éloigne en claudiquant. Les deux amis échangent un sourire.

48.

Les élèves sont tous endormis. Au fond du dortoir, une lampe de poche troue la pénombre.

Bonnet est allongé et écoute Julien, assis au pied du lit, qui lui lit un passage des *Mille et Une Nuits*.

JULIEN : « Et d'un mouvement rapide, elle rejeta ses voiles et se dévêtit tout entière pour apparaître dans sa native nudité. Béni soit le ventre qui l'a portée !

« La princesse était d'une beauté douce et blanche comme un tissu de lin, elle répandait de toutes parts la suave odeur de l'ambre, telle la rose qui sécrète elle-même son parfum originel. Nour la pressa dans ses bras et trouva en elle, l'ayant explorée dans sa profondeur intime, une perle encore intacte. Et il se mit à promener sa main sur ses membres charmants et son cou délicat, à l'égarer parmi les flots de sa chevelure.

« Et elle, de son côté, ne manqua pas de faire voir les dons qu'elle possédait. Car elle unissait les mouvements lascifs des filles arabes à la chaleur des Éthiopiennes, la candeur effarouchée des Franques à la science consommée des Indiennes, la coquetterie des femmes du Yamân à la violence musculaire des femmes de la Haute-Égypte, l'exiguïté des organes des Chinoises à l'ardeur des filles du Hedjza.

« Aussi les enlacements ne cessèrent de succéder aux embrassements, les baisers aux caresses et les copulations aux foutreries, jusqu'à ce que, fatigués de leurs transports et de leurs multiples ébats, ils se fussent endormis enfin dans les bras l'un de l'autre, ivres de jouissance. Ainsi finit... »

Julien lève la tête. Bonnet s'est endormi.

49.

Dans la salle de classe, M. Guibourg donne des nouvelles de la guerre, une règle pointée vers la carte d'Europe, sur laquelle des petits drapeaux marquent les positions respectives des armées.

M. GUIBOURG : Les Russes ont lancé une grande offensive en Ukraine. D'après la radio de Londres, l'Armée rouge a crevé le front allemand sur 100 kilomètres à l'ouest de Kiev. D'après Radio-Paris, cette offensive a été repoussée avec de lourdes pertes. La vérité est probablement entre les deux.

Bonnet lève la tête. Par la fenêtre, il voit Moreau courir et rentrer dans le bâtiment d'en face.

JULIEN et BOULANGER *(à mi-voix)* : Radio-Paris ment,

Radio-Paris ment,
Radio-Paris est allemand.

M. GUIBOURG : En Italie, par contre, les
Américains et les Anglais continuent de ne
pas avancer d'un pouce devant le mont
Cassin.

Prenez vos cahiers. Nous allons faire un
exercice d'algèbre.

Il écrit une formule au tableau noir.
Un élève pète. Rires. M. Guibourg ne se retourne
pas.

SAGARD : Je peux sortir, m'sieur ? C'est
la soupe du collège.

M. GUIBOURG : Il faut toujours que ce soit
vous, Sagard. Allez.

Sagard sort. On entend une voix allemande :
« Halt ! »
Sagard rentre dans la classe à reculons, poussé
par un grand Feldgendarme casqué. Il porte un

imperméable vert olive, une plaque de métal lui barre la poitrine, et il a une mitraillette en bandoulière. Il renvoie Sagard à sa place.

Julien et tous les autres ont les yeux fixés sur le soldat. Celui-ci s'efface pour laisser entrer un homme petit, vêtu d'un manteau marron.

L'homme remonte les pupitres, s'arrête devant le professeur, qu'il salue sèchement

L'HOMME : Doktor Muller, Gestapo de Melun.

Il se tourne vers les élèves.

MULLER : Lequel d'entre vous s'appelle Jean Kippelstein ?

Il parle bien français, avec un fort accent.

Les élèves se regardent entre eux. Julien baisse les yeux figé.

MULLER : Répondez !

M. GUIBOURG : Il n'y a personne de ce nom dans la classe.

Muller se met à marcher le long des pupitres, scrutant les visages des enfants.

Il se retourne, aperçoit la carte d'Europe avec ses petits drapeaux. Il va arracher les drapeaux russes et américains. Il tourne le dos à Julien, qui ne peut s'empêcher de regarder vers Bonnet, une fraction de seconde. Muller se retourne, intercepte le regard. Il traverse la classe, lentement, et vient se planter devant Bonnet.

Celui-ci le regarde, un long moment. Puis il se lève, sans un mot. Il est blanc, mais très calme.

Il range ses livres et ses cahiers en une pile bien nette sur son pupitre, va prendre son manteau et son béret accrochés au mur. Il serre la main des élèves près de lui, toujours sans un mot.

Muller crie un ordre en allemand. Le Feldgendarme vient tirer Bonnet par le bras, l'empêchant de serrer la main de Julien, et le pousse brutalement devant lui. Ils quittent la pièce.

Le silence est rompu après quelques secondes par Muller.

MULLER : Ce garçon n'est pas un Français. Ce garçon est un juif. En le cachant parmi vous, vos maîtres ont commis une faute très grave vis-à-vis des autorités d'occupation.

Le collège est fermé. Vous avez deux heures pour faire vos bagages et vous mettre en rang dans la cour.

Il s'en va rapidement. La classe reste figée un moment.

Le Père Michel entre, parle à voix basse à M. Guibourg. Les questions fusent. Tout le monde se lève, sauf Julien qui reste à sa place, le regard droit devant lui.

LES ÉLÈVES : Qu'est-ce qu'il se passe ? Où est-ce qu'ils emmènent Bonnet ?

LE PÈRE MICHEL : Calmez-vous. Écoutez-moi. Ils ont arrêté le Père Jean. Il semble que nous ayons été dénoncés.

Un grand murmure des enfants répond à cette nouvelle.

151

JULIEN : Et Bonnet ?

LE PÈRE MICHEL : Bonnet, Dupré et Lafarge sont israélites. Le Père Jean les avait
recueillis au collège parce que leur vie était
en danger. Vous allez monter au dortoir et
faire vos valises, rapidement et dans le
calme. Je compte sur vous. Auparavant
nous allons dire une prière pour le Père
Jean et vos camarades.

Il leur fait réciter le Notre Père.

50.

Les élèves font leurs bagages, très vite et sans un
mot. Julien finit de remplir son sac et s'assied sur
son lit.
Quelqu'un rentre et chuchote quelque chose.
La rumeur se répand à voix basse jusqu'à Julien.

BABINOT : Négus s'est barré

François pénètre dans le dortoir, son sac à la main, cherchant Julien.

JULIEN : Ils ont pas eu Négus.

FRANÇOIS : Je sais. Ils le cherchent, lui et Moreau. Ils ont trouvé des tracts de la Résistance dans le bureau du Père Jean.

Le Père Hippolyte frappe dans ses mains.

LE PÈRE HIPPOLYTE : Ceux qui sont prêts, prenez vos affaires et allez au réfectoire. Quentin, faites le sac de Laviron et portez-le-lui à l'infirmerie. Faites vite.

FRANÇOIS : Tu veux que je t'aide ?

Julien fait non de la tête et va vider le casier de Laviron. Les autres s'en vont.
Julien est seul dans le dortoir quand Bonnet rentre avec un Feldgendarme.

L'ALLEMAND : Schnell !

Bonnet va à son casier et rassemble ses vêtements, évitant le regard de Julien qui s'est rap-
proché de lui. L'Allemand allume une cigarette,
leur tournant le dos un instant.

BONNET : T'en fais pas. Ils m'auraient eu
de toute façon.

JULIEN : Ils ont pas eu Négus.

BONNET : Je sais.

Il lui tend une pile de livres.

BONNET : Prends-les. Je les ai tous lus.

Julien sort un livre de sous son matelas.

JULIEN : Tu veux *Les Mille et Une Nuits* ?

Bonnet prend le livre et le fourre dans sa valise.
L'Allemand se retourne.

L'ALLEMAND : Schnell, Jude !

Bonnet ferme sa valise et se hâte de le rejoindre.

51.

Julien rentre dans l'infirmerie, portant le sac à
dos de Laviron. La sœur infirmière est très agitée.

L'INFIRMIÈRE : Qu'est-ce que tu viens
faire ici ? File !

JULIEN : Je lui porte son sac.

Il pose le sac à côté de Laviron. Les autres lits
sont vides.

JULIEN : Tu vas te lever ?

Au lieu de répondre, Laviron se dresse et, de la tête, lui indique une petite porte. L'infirmerie est sous les combles et elle donne sur le grenier.

Derrière la porte apparaît la tête de Moreau. Il fait signe à l'infirmière, qui a un geste d'agacement.

L'INFIRMIÈRE : Qu'est-ce que vous voulez encore ?

MOREAU : On ne peut pas rester là. Ils fouillent le grenier.

Il court vers la porte d'entrée, l'ouvre. On entend des voix allemandes venant de l'escalier.

Il revient vers le grenier, ramène Négus et le fait se glisser tout habillé dans un des lits vides.

MOREAU : Ma sœur, donnez-lui une compresse, vite !

L'INFIRMIÈRE : Fichez-moi la paix. Vous allez tous nous faire arrêter.

Moreau a juste le temps de se cacher dans un placard.

La porte s'ouvre, un Feldgendarme entre, avance dans la pièce.

Négus remonte la couverture jusqu'à son nez.

L'infirmière laisse tomber la compresse qu'elle tenait à la main. Elle tremble, littéralement, et s'assied sur une chaise.

L'Allemand la regarde, ramasse la compresse et la lui rend. Un autre soldat surgit, venant du grenier. Ils discutent en regardant autour d'eux.

LE PREMIER ALLEMAND *(il renifle)* : Il y a un juif ici, je sais.

Julien fait un pas en avant.

JULIEN : On n'a vu personne.

Les Allemands se tournent vers lui. Il n'en mène pas large.

        LE DEUXIÈME ALLEMAND : Viens ici, toi. Baisse ta culotte

Julien défait sa ceinture.

Il voit l'autre Allemand, penché vers l'infirmière, se redresser, aller vers Négus et, d'un geste brusque, tirer la couverture, découvrant le garçon tout habillé.

L'Allemand éclate de rire, prend Négus par l'oreille et le sort du lit, rejoint par son collègue qui tient un pistolet dans la main.

Ils sortent, Négus toujours tiré par l'oreille.

Moreau sort du placard.

        MOREAU : Qu'est-ce qui s'est passé ?

        JULIEN : C'est elle.

        L'INFIRMIÈRE *(presque hystérique)* : Foutez le camp !

MOREAU : Je vais passer sur le toit. Je
sauterai dans le jardin du couvent. Adieu,
Julien.

Il l'embrasse, file dans le grenier, soulève un
vasistas, et se glisse sur le toit.

52.

Julien dévale un escalier quatre à quatre, ouvre
une porte et s'arrête au milieu d'une courette,
regardant en l'air.

Il voit la silhouette de Moreau passer de l'autre
côté du toit et disparaître.

Julien sourit. Il se retourne brusquement, enten-
dant une voix.

Deux hommes se tiennent cachés dans un angle
de la courette. L'un d'eux avance vers Julien et
l'interpelle en allemand. L'autre reste caché. On
voit à peine son visage.

JULIEN : Joseph !

Joseph se détache du mur et s'approche de Julien.

JOSEPH *(à l'Allemand)* : C'est un ami.

L'ALLEMAND : Zwei minuten.

JULIEN : Qu'est-ce que tu fais avec eux ?

JOSEPH : T'es content ? Tu vas avoir des vacances.

Joseph tend sa cigarette à Julien qui hésite, puis la prend. Il s'en allume une autre.
Julien le regarde intensément, comme s'il refusait d'admettre l'évidence.

JOSEPH : T'en fais pas. C'est que des juifs...

Julien tient la cigarette dans ses doigts, sans fumer.

JOSEPH : Bonnet, tu l'aimais bien ?

Julien recule, en fixant Joseph. Celui-ci brusquement le rattrape et le retient par l'épaule.

> JOSEPH : Fais pas le curé. Tout ça c'est de votre faute. Si j'avais pas fait d'affaires avec vous, il m'aurait jamais foutu à la porte. La Perrin, elle volait plus que moi

Julien se dégage et court vers la porte.

> JOSEPH *(de loin)* : Fais pas le curé, j' te dis. C'est la guerre, mon vieux.

Julien se retourne un instant, et s'enfuit.

53.

Muller et quelques Feldgendarmes sortent du bâtiment et avancent rapidement dans la cour, où tous les élèves du collège sont en train de se mettre en rangs. Il fait un froid glacial, les garçons sautent sur place pour se réchauffer.

> MULLER : Est-ce qu'il y a d'autres juifs parmi vous ?

Un grand silence lui répond.

Muller passe lentement devant les élèves alignés, les dévisageant.

Il s'arrête devant un jeune garçon qui a des cheveux noirs bouclés et une grosse bouche.

> MULLER : Toi, tu serais pas juif ? Ton nom ?

> LE GARÇON : Pierre de la Rozière.

> MULLER : Va te mettre contre le mur.

Le garçon, tremblant, s'exécute.

Muller donne un ordre en allemand. Un Feldgendarme s'avance, tenant une pile de cartes d'alimentation dans les mains. Il met ses lunettes et com mence à lire les noms sur les cartes. Chaque élève appelé va s'aligner contre le mur.

LE FELDGENDARME   Abadie, Jean-Michel... D'Aiguillon, Emmanuel... Amigues, Dominique... Anglade, Bernard...

Boulanger, blanc, se penche vers Julien.

BOULANGER : Tu crois qu'ils vont nous emmener ? On n'a rien fait, nous.

Des cris, des pleurs interrompent l'appel. Un Allemand entre dans la cour, poussant devant lui trois petites filles. Muller se dirige vers le soldat, lui parle un instant.

UNE PETITE FILLE *(en larmes)* : On était venues se confesser.

Muller sourit, les laisse partir et revient vers les élèves.

MULLER : Ce soldat a fait son devoir Il avait l'ordre de ne laisser sortir personne. La discipline est la force du soldat allemand. Ce qui vous manque, à vous Français, c'est la discipline.

Muller s'adresse maintenant aux professeurs alignés devant la cuisine.

MULLER : Nous ne sommes pas vos ennemis. Vous devez nous aider à débarrasser la France des étrangers, des juifs.

L'appel reprend.

LE FELDGENDARME : Babinot, Jean-François... Bernay-Lambert, Alain... De Bigorre, Geoffroy...

A ce moment, le Père Jean apparaît dans la cour, une cape sur sa bure, tête nue, portant une légère valise. Il est suivi de soldats qui encadrent Bonnet, Négus et Dupré, eux aussi avec leurs sacs.

Quand le groupe atteint la porte de la rue, le Père Jean se retourne.

LE PÈRE JEAN *(très fort, très clair)* : Au revoir, les enfants ! A bientôt.

Il leur envoie un baiser avec la main.
Un instant de silence.
Un élève crie.

L'ÉLÈVE : Au revoir, mon Père

Tous les élèves reprennent.

TOUS : Au revoir, mon Père.

Un soldat pousse brutalement le Père Jean dans la rue. Bonnet, bousculé, se retourne un instant dans l'encadrure de la porte. Son regard cherche Julien, qui fait un pas en avant et lui fait un petit signe de la main. Bonnet disparaît.

On reste sur Julien un peu en avant des autres. Il regarde fixement la porte vide. Sur ce visage d'enfant, on entend une voix adulte.

LA VOIX : Bonnet, Négus et Dupré sont morts à Auschwitz, le Père Jean au camp de Mauthausen. Le collège a rouvert ses portes en octobre 1944. Plus de quarante ans ont passé, mais jusqu'à ma mort je me rappellerai chaque seconde de ce matin de janvier.

FIN

ŒUVRES DE LOUIS MALLE

Aux Éditions Gallimard

LE SOUFFLE AU CŒUR
AU REVOIR, LES ENFANTS

En collaboration avec Patrick Modiano

LACOMBE LUCIEN

En collaboration avec Jean-Claude Carrière

MILOU EN MAI

COLLECTION FOLIO

Composition Bussière
et impression Bussière Camedan Imprimeries
à Saint-Amand (Cher), le 7 janvier 2003.
Dépôt légal : janvier 2003.
1ᵉʳ dépôt légal dans la collection : avril 1994.
Numéro d'imprimeur : 030086/1.
ISBN 2-07-038873-5./Imprimé en France.